発達障害のある子どものための

たすくメソッド①
生活の基礎を身につける

三種の神器

コミュニケーション
スケジュール
タスクオーガナイゼーション

齊藤宇開・渡邊倫 編著
【たすく株式会社】

ジアース教育新社

はじめに

　本書は，弊社のアセスメントを中心とした療育の場で実際に用いた教材を，その教示方法と併せて，300枚近いイラストで分かりやすく解説し，ご家族や支援者，誰もが再現できるように構成を試みました。

　第1章では，たすくメソッドを始めるためのSTEPを3段階に分け，J☆sKepアセスメントシートを使って，子どもの全体像を理解することで，その子にとって，最もふさわしい機能的な目標（学習内容）を決定することができるように構成されています。

　続く，第2章では，本シリーズ第1弾「三種の神器〈コミュニケーション，スケジュール，タスクオーガナイゼーション〉を学習する」を，子どもたちの発達段階に応じて見開き1ページで，順を追って選択できるように工夫しました。

　巻末には，付録1として第1章で解説したJ☆sKepアセスメントシート，付録2には，目標の到達レベルをさらに細かいプロンプト（いつか消える支援）の3段階によって詳細に記録できる学習記録シートを掲載しました。評価・改善を繰り返すことで，子どもたちが「できた！」「乗り越えたぞ！」という経験を基本にしたスモールステップの学習課題を設定できるようにするために，ご活用下さい。

　本シリーズにおける機能的な目標（学習内容）は，J☆sKepと並んで，たすくメソッドの中核を成すものです。子どもたちの今の充実と，将来の豊かな生活の実現のために，最も重要，且つ効果的である学習内容を6領域14区分34項目238教材に，思い切って精選しました。何を優先的に教えれば，生涯にわたって役に立つ"学び"となるのか？

　本書の提案が，全国の教育課程（プログラム）研究の起爆剤となれば望外の喜びです。これからも，ジアース教育新社の加藤勝博様をはじめ，関係の方々からのご協力を得て，6領域全てに関してシリーズ化する計画です。

　僕らは，北海道函館市で，この仕事を志し，函館の人々から，その基礎を学びました。特に絵がたいへん上手な共通の兄は，良くイラストで説明してくれました。ノースカロライナから帰国してからは，いつもトラックの絵を描いてこう言いました。「TEACCHの理念はトラック，その荷台には，障がいのある人，一人一人に良かれと思うことは，何でも積んでいくんだ」。

　まだまだ，荷台に積む荷物は足りない！　みんなで，スクラム組んで，がんばろう！

　本書を，天国にいる，私たち共通の兄，鈴木伸五さんへ捧げます。

平成23年6月
　たすく株式会社　代表　齊藤宇開

1章
「たすくメソッド」を始めよう！
STEP1, 2, 3 ……………………………………… 5

2章
三種の神器を学習する
コミュニケーション，スケジュール，
タスクオーガナイゼーションの習得 ………………………… 15
  三種の神器を教えるための教材セット ………………………… 16

コミュニケーション
コミュニケーション＞表出性 ……………………………………… 20
コミュニケーション＞応答性 ……………………………………… 28
このような場合は，どうする？〈コミュニケーション編〉 ……… 36

スケジュール
スケジュール＞指示 ………………………………………………… 38
スケジュール＞選択 ………………………………………………… 46
スケジュール＞自分の役割と他者に配慮した計画 ……………… 54
このような場合は，どうする？〈スケジュール編〉 ……………… 62

タスクオーガナイゼーション
タスクオーガナイゼーション＞上下左右の認知 ………………… 64
タスクオーガナイゼーション＞学習（作業）の体勢 …………… 72
このような場合は，どうする？〈タスクオーガナイゼーション編〉 …… 80

  J☆sKep アセスメントシート ………………… 81
  学習記録シート ………………………………… 85

1章
「たすくメソッド」を始めよう!
STEP 1, 2, 3

　療育では，まず子どもの全体像を理解することが何よりも大切です。本来の「たすくアセスメント」は，丸一日をかけて行いますが，十分に時間がとれないこともあるでしょう。この章では，*J☆sKep*アセスメントシートを使った，簡易アセスメントの方法を解説します。STEP 1, 2, 3の手順で，その子にとって，最もふさわしい機能的な目標（学習内容）を決定してください。

STEP 1
J☆sKepアセスメントで子どもの全体像を理解しよう！

　子どもたちが多くのことを学ぶための基礎であり，中核であるポイントをまとめたものが，J☆sKep "7つのキーポイント" です。つまり，J☆sKepは，「学習を支える学び」と呼ぶことができます。J☆sKepアセスメントは，「学習を支える学び」の力を評価するものです。アセスメントは，子どもとの学習活動をとおして行い，7つのキーポイントをチェックしていきます。

　複数の支援者でチェックする場合は，必ず同じ活動場面を共有して評価するようにします。そうすることで，より正確なJ☆sKepアセスメントになります。

▶ J☆sKep アセスメントシートの使い方 (要点)

手順1　7つのキーポイントごとに，レベル1から順番に目標（例）を読んで〇△×で評価します。
　　　　△と×は指導ターゲットであり，1〜2項目に矢印を付けます。

手順2　7つのキーポイントごとに，J☆sKepの得点に〇を付け，折れ線でつなぎます。

手順3　7つのキーポイントの得点を，下欄の表に記入して，J☆sKepの平均点を算出します。

手順4　7つのキーポイントの得点を，平均点と比較できるように，下欄右表に記入します。

詳しくは8,9頁に記載してます。

● J☆sKep アセスメントシート

▶ J☆sKep アセスメントシートの使い方 (詳細)

手順❶ 7つのキーポイントごとに，レベル1から順番に目標例を読み返して○△×で評価します。〈表1〉

　J☆sKepは，7つのキーポイントごとに目標(例)があります。徐々に（下に進むごとに）レベルアップしていきます。

　目標（例）ごとに，表につけられた太枠がそのレベルを表しています。例えば，最上段の「どうしても欲しいものがある時など，どんな形であれ，人に何かを伝えようとすることができる」〈表1〉を見てみますと，1の列のマスが太枠で囲まれていますので，この目標は到達レベル1ということになります。

　評価は，この太枠内に書き込みます。確実にできるものに○，不確実さがあるものは芽生えとして△，実行できないものに×をつけましょう。

　芽生えである△は，目標として明確にするために，朱書きで矢印を書きます。芽生えている項目を見つけて，目標にすることが，J☆sKepアセスメントの主旨ですから，確実にできる項目でなければ△や×をつけてください。評価は厳しめにつけることが重要です。

手順❷ 7つのキーポイントごとに，J☆sKepの得点を算出して，折れ線で表記します。〈表1〉

　○△×で評価した後は，得点を算出します。子どもの到達レベルは，1点から6点までの評価欄において○が付いた最高得点のところです。ただし，同じレベルで，2つの目標例がある場合は，両方が○になったときに達成していると見なします。算出した得点は，左欄に○印を付けます。（下記〈表1〉では，到達レベルは2点になります）

J☆skep	目標（例）	1	2	3	4	5	6
⑤自ら何かを伝えようとする意欲と個に応じた形態を用いて表出する力 ＜表出性のコミュニケーション＞ 1・②・3・4・5・6	・どうしても欲しいものがある時など，どんな形であれ，人に何かを伝えようとすることができる	○					
	・動作（指さしや大人の手を引くなど）を使って，意思を伝えることができる		○				
	・代替手段(絵カードやVOCA)を利用して，自分の意思を伝えることができる			○			
	・自分の伝えたいことを，一日20回以上，伝えることができる				△		
	・困った時に，他人に対して，援助を受けたいと伝えることができる					△	
	・代名詞や属性（好みの色や，希望する量など）を入れた三語文以上の要求をすることができる					×	
	・「何がほしいの？」の問いかけに応じて，ほしいものを伝えることができる					×	
	・「何をしているの？」や「何が見える？」などの質問に応じることができる						×

〈表1〉 J☆sKepの記入例

手順 ❸ 7つのキーポイントの得点を，下欄の表に記入して，$J{\star}sKep$の平均点を算出します。〈表2〉

すべての項目を評価したら，得点を下欄の表に記入して，$J{\star}sKep$の平均点を算出します。この平均点が，STEP2以降で学習内容を決定する際，重要な指標になります。

①学習態勢	②指示理解	③セルフマネージメント	④強化システム
3	3	2	2

⑤表出性のコミュニケーション	⑥模倣	⑦注視物の選択	合計	平均
2	3	2	17	2.4

〈表2〉 得点表の記入例

手順 ❹ 7つのキーポイントの得点を，平均点と比較できるように，下欄の右表に記入します。〈表3〉

平均点を算出した後は，$J{\star}sKep$の各項目と平均点とのバランスを見ていきます。シート下欄の右表に，$J{\star}sKep$の項目番号を記入しましょう。$J{\star}sKep$は，並行指導が重要ですから，$J{\star}sKep$の得点がアンバランスだった場合は，本人に不全感が生じている可能性が高いことがあり，特に注目します。

段階	1	2	3	4	5	6
$J{\star}sKep$		③④⑤⑦	①②⑥			

〈表3〉 $J{\star}sKep$得点の比較表の記入例

STEP 2
機能的な目標（学習内容）を決定しよう！

　自立のためには，学校以外の地域や家庭場面での生活力を身につけることが大切です。そのためには，学校での学びが確実にステップアップすること（反応般化）や，学んだことがその他の場面で応用・般化できるように指導を進める必要があります（刺激般化）。つまり，機能的な目標の条件は，子どもにとって絶対的に重要で，自然と学習する機会が多くなる文脈の中で，繰り返すことができる「機能性」を持っていなければなりません。さらには，「目標を達成することで最も利益のあるのが子どもかどうか」，「地域や家庭で，さらに生涯にわたって利用可能なものかどうか」が，「機能的な」目標かどうかを判断する一つの指標だと考えています。

　以上のことを踏まえた上で，本書では，機能的な目標（学習内容）として，〈6領域14区分34項目238王様大臣教材〉を提案していきます。

　なお，J☆sKepと「機能的な目標」との相関関係は以下のとおりです。J☆sKepアセスメントを行った後に，その平均点と照らし合わせながら，「機能的な目標」を選択して今の充実と明日への展望を描き出していきましょう。

例1　J☆sKep アセスメント平均2点未満

　2点未満の場合は，下図に示すとおり，1段階目の『1. 三種の神器』から学習することになります。

6. 社会性	J☆sKep 平均4点以上
4. 生活スキル　5. インディペンデント	J☆sKep 平均3点以上
2. アカデミック　3. 手を育てる	J☆sKep 平均2点以上
→ **1. 三種の神器**	J☆sKep 平均2点未満

例2　J☆sKep アセスメント平均2点以上

2点以上の場合は，下図に示す1段階目の『1．三種の神器』に加えて，2段階目の『2．アカデミック』と『3．手を育てる』を重点的に学習することになります。

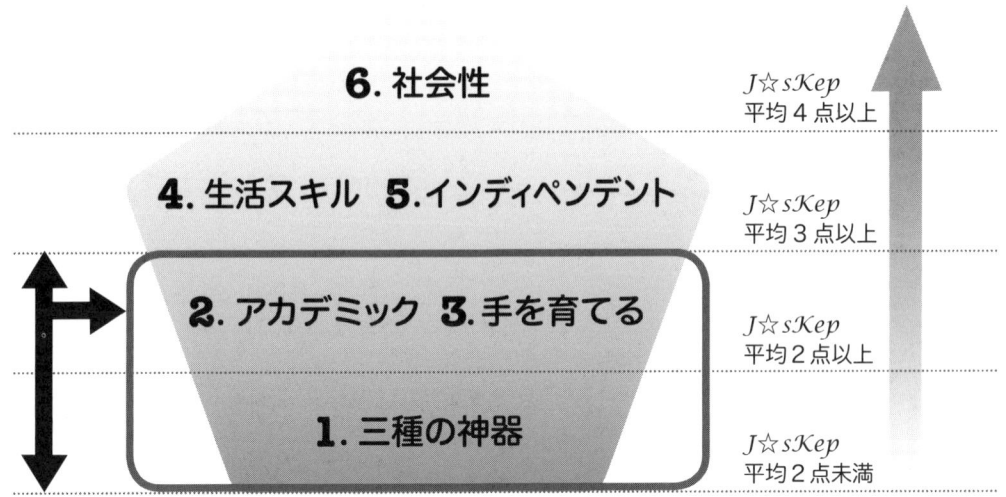

例3　J☆sKep アセスメント平均3点以上

3点以上の場合は，下図に示す1段階目の『1．三種の神器』，『2．アカデミック』，『3．手を育てる』に加え，3段階目の『4．生活スキル』，『5．インディペンデント』を重点的に学習することになります。

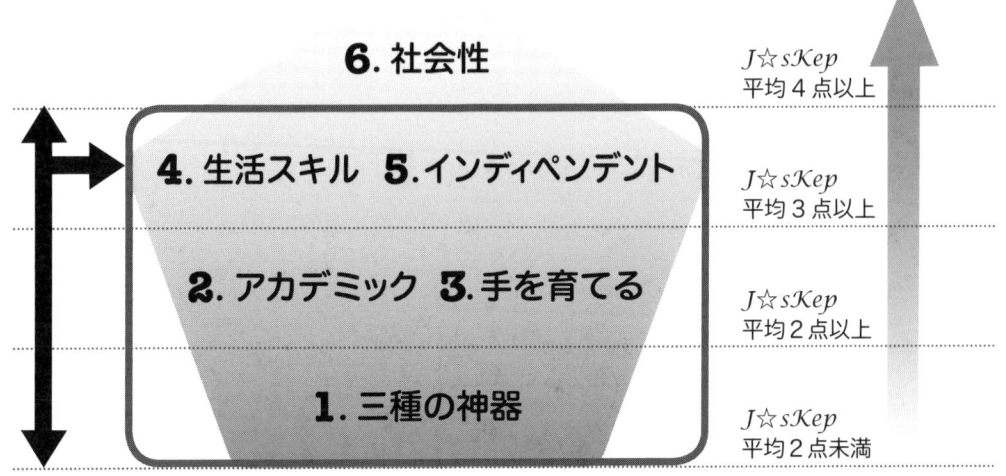

STEP 3
機能的な目標(学習内容)のステップを決定しよう!

　機能的な目標は，次頁〈図1〉で示したとおり，6領域で構成されています。本書では，最も基礎となる「1. 三種の神器」を取り上げます。「1. 三種の神器」は，さらに(1)コミュニケーション，(2)スケジュール，(3)タスクオーガナイゼーションの3区分に分かれていて，区分ごとに組まれています。ステップは山(マウンテンと呼んでいます)に見立てられ，最終的な目標となる「機能的な目標・ゴール」が意識しやすいように頂上に示されていることが特徴です。

　機能的な目標(学習内容)のステップは，J☆$sKep$ アセスメントの平均点から導き出します。ただし，学習経験がまだ不足していて，同じステップの目標に取り組むことが難しい場合には，支援技術を工夫してより細かいステップで学習を行ったり，1つ下のステップに戻って基礎固めをしたりして，学習を進めましょう。

▶ J☆$sKep$ と機能的な目標『三種の神器』との相関関係は以下のとおりです。((1)スケジュール①指示の場合で例示します。)

❶ J☆$sKep$ アセスメント平均2点未満は，機能的な目標(1st)を選択します。
❷ J☆$sKep$ アセスメント平均2点以上は，機能的な目標(2nd)を選択します。
❸ J☆$sKep$ アセスメント平均3点以上は，機能的な目標(ゴール)を選択します。

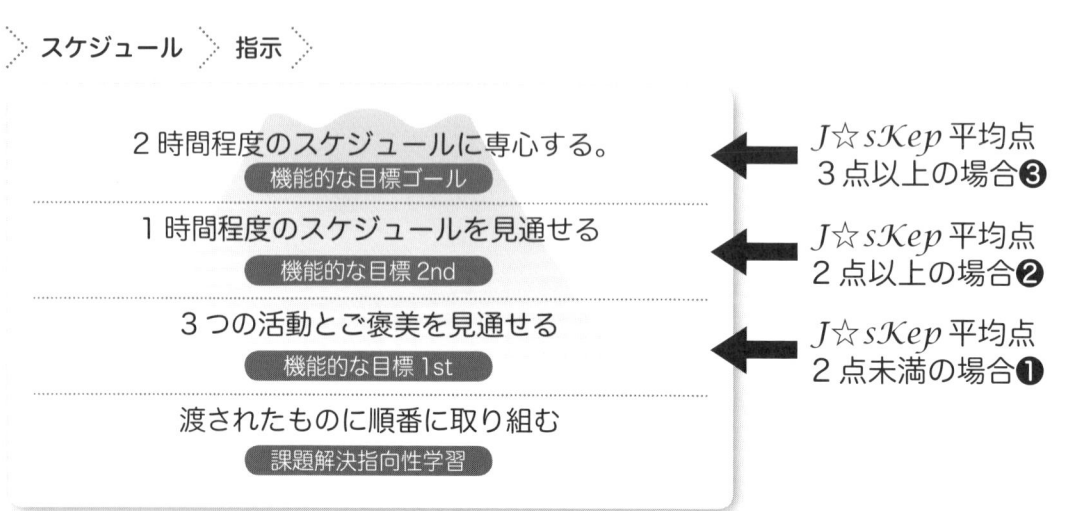

機能的な目標6領域は，段階ごとに複数の機能的な目標があり，山並みをつくっているイメージをもってください。児童生徒は，$J☆sKep$が向上すると，頂上に近づいていきます。すると，次の段階の山並みが見え始めてきます。機能的な目標の山並みの連続性をイメージしてください。

〈図1〉

6. 社会性
（1）自己表現　　（2）社会貢献

4. 生活スキル
（1）気働き　（2）手伝い　（3）エチケット

5. インディペンデント
（1）休憩　　（2）移動

2. アカデミック
（1）算数　　（2）国語

3. 手を育てる
（1）書字　（2）包装・調理

1. 三種の神器
（1）コミュニケーション　　（2）スケジュール　　（3）タスクオーガナイゼーション
①表出性　②応答性　　①指示　②選択　③自分の役割と他者に配慮した計画　　①上下左右の認知　②学習の体勢

レベル

2章
三種の神器を学習する
コミュニケーション，スケジュール，タスクオーガナイゼーションの習得

　たすくでは，コミュニケーション，スケジュール，タスクオーガナイゼーションを"三種の神器"と呼びます。そう呼ぶのも，これらを生活する上で基礎となる，世界共通の「無くてはならない必須のツール」と考えているからです。

　2章では，三種の神器を学習するための，内容や方法を，実際に現場で利用している教材，その教示方法と併せて，イラストで分り易く描写しました。ご家庭や支援者，誰もが再現できるように解説します。

三種の神器を教えるための教材セット

子どもたち一人一人には，様々な特徴があります。たすくが開発しているオリジナル教材は，"見る""聴く""動かす"ことで，学んでいかれるように工夫しています。

コミュニケーション

お話ブック

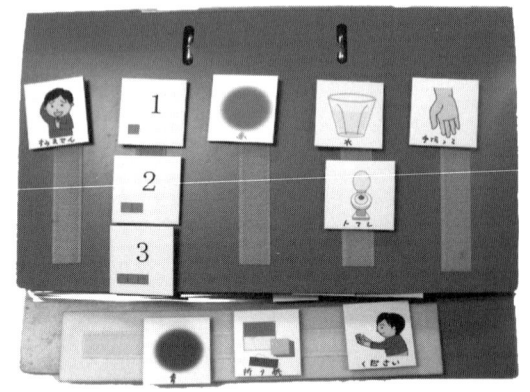

お話ブックは，子どもたちの「ことば」をまとめたツールです。子どものワーキングメモリーを補い，思いを正確に伝えることを教えることができます。表紙を仮止めするストッパーは，携帯するときにとても便利です。

本書で紹介する「コミュニケーション」では，ピラミッド教育コンサルタントオブジャパン株式会社の絵カード交換式コミュニケーションシステム(PECS)から多大な影響を受けています。そのため，本教材は，PECSコミュニケーションブックを参考にしています。コミュニケーションの指導に際しては，是非，ピラミッド教育コンサルタントオブジャパン株式会社(18頁，問い合わせ先)の研修にも参加して下さい。

お話絵カード

お話絵カードは，学校や家庭で，子どもに表現してほしい要求や感情の120語を，母親と共同製作しました。カードは，つまみ取りやすい厚さ，柔らかいタッチのイラスト，認知特性に応じて文字を書き込めるなどの特徴があります。

人形のマッチング

人形のマッチングは，注視物の選択の力を伸ばすことができます。人形は，手技の未熟な子どもも，握ったり，入れたりすることができるように工夫された形状です。特徴は，子どもの視野の広さや，注視する力に合わせて，区切りを変更できることです。

スケジュール

たすくスケジュール

スケジュールのゴールでは，携帯性のスマートフォンなどのICT機器を利用します。子どもは，直感的に操作をすることができ，携帯しやすく，多量のカードを保管できます。何よりも，近い将来，子どもたちにとって，最も身近な支援機器となるはずです。早期から，機器の利用に慣れることはとても機能的と言えるでしょう。

本教材は，Info-Lounge社と共同開発しました。

with スケジュール帳

スケジュール帳は，すべての子どもに使用します。個に応じたカードを構成して，「頑張ったら報われる」という見通しをもちます。特徴は，活動の内容と量，時間の管理も学べるように，系統的に教材を組み替えられることです。

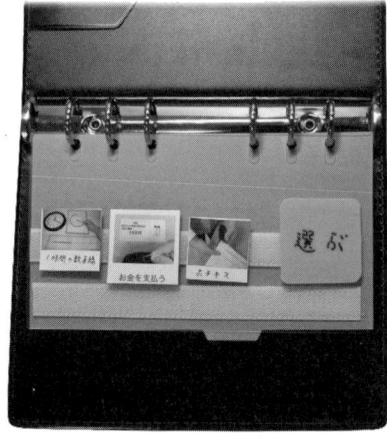

キューブの棒さし

キューブの棒さしは，対面型のやりとり課題で用います。注目を促しやすい着色をしてあります。特徴は，手技の未熟な低年齢の子どもにも扱いやすいように，棒の径が太く，キューブが3cm角を基本に設定されていることです。

タスクオーガナイゼーション

スケッチブック別冊 A・C

スケッチブック別冊Aの三角ぬりは，枠を左から右，上から下に認知して，縁取りすることから始まります。机上の課題の距離感や，筆圧についても学べる教材です。
スケッチブック別冊Cのハサミ教材は，直線や斜線，図形の切り取りの練習ができます。この教材は，用紙を持つ左手と，ハサミを操作する右手を機能的に使い分けるためにも有効な教材です。

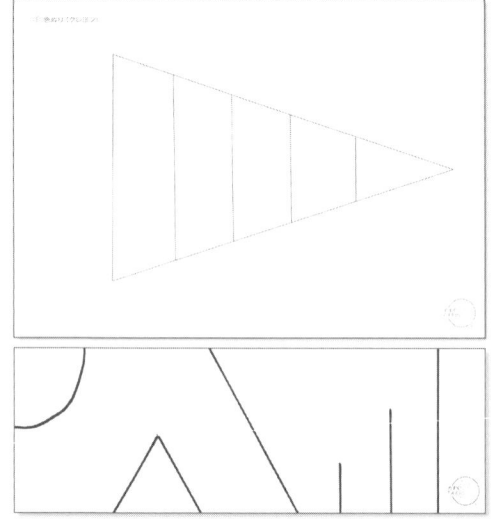

たすく4片パズル

たすく4片パズルは，上から下，左から右のものの見方を学ぶための教材です。認知の仕方，左手を添えた姿勢保持，課題終了後の確認の習慣化など，学習の基礎を指導するには最適です。

 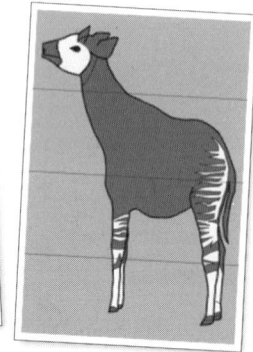

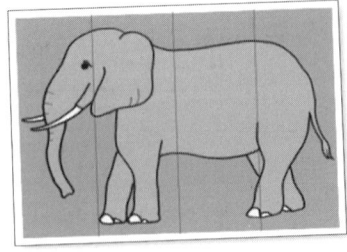 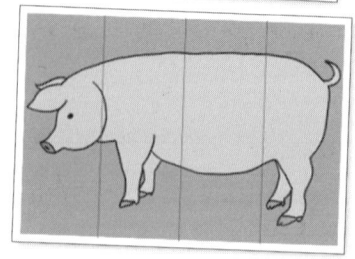

教材のお問い合わせ

たすく株式会社
〒248-0014
神奈川県鎌倉市由比ガ浜 2-23-15
URL http://tasuc.com
E-MAIL kamakaura@tasuc.com

ピラミッド教育コンサルタントオブジャパン(株)
〒803-0835
北九州市小倉北区井堀 3-6-32
URL　http://www.pecs-japan.com

コミュニケーション

　自分の伝えたい思いを表出するためには言葉をイメージ化させることが大切です。
　「表出性」では，代名詞や属性を使って，要求や拒否を音声言語で伝えることをゴールとしています。
　「応答性」では，「何が見える？」「何をしているの？」などの質問に応じられることをゴールにしています。

コミュニケーション > 表出性 ①

J☆sKep 2.0点未満向け

離れた相手に注意喚起ができる
機能的な目標 1st

伝えたいカードを弁別することができる
課題解決指向性学習

決められた枠内に物を置いたりさしたりする
課題解決指向型学習

ここでは、『伝えたいカードを弁別することができる』について学びます。お話絵カードに示されている絵や写真を、弁別できるようになりましょう。

▶ J☆sKep アセスメント　○△×で評価しましょう。

学習態勢	一人で、食事の時などに、椅子に座ることができる。	
指示理解	手招きや「こっちにおいで」など、人の働きかけ（指示）に応じることができる。	
セルフマネージメント	着替えなどの簡単な日常生活動作が一人でできる。〈例：日常生活で使う自分の衣服や食器を取ることができる〉	
強化システムの理解	好きなものや、好きな活動が2つ以上ある。	
表出性のコミュニケーション	どうしても欲しいものがある時など、どんな形であれ、人に何かを伝えようとすることができる。	
模倣	身近な人（保護者や兄弟、クラスメイトなど）と、同じような動作をすることがある。	
注視物の選択	自分の好きなおもちゃやお菓子、テレビ番組を、注視したり、注目したりすることができる。	

▶ 教材を準備しよう　教材：カード合わせ

● 教材のセッティング

子どもの正面に、教材の枠を呈示します。カード類は、トレイに入れて、大人の手元に準備します。

● 教材の使い方

教材の枠を呈示したあと、子どもの正面に絵カードを呈示します。カードを1枚ずつ手に取り、上段にある絵カードと同じように仕分けていきます。

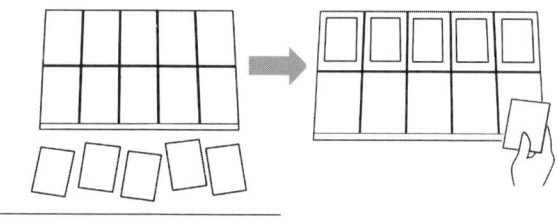

▶ カードを見つけて，仕分けましょう

1 机上に呈示された1枚のカード教材に，注目する。

子どもの正面に教材の枠を置きます。その後，カードを1枚呈示し，「同じ所に置いて下さい」と言って出題する。

2 カード教材を，右手でつまみ取る。

子どもは，呈示したカードに注目して手を差し伸べ，指先でつまみ取る。

3 同じカードを見つけるために，枠に示されたカードを見比べる。

出題されたカードに，どのような内容が書かれているかを確かめます。出題されたカードと同じ絵カードの枠がどこにあるかを探し出す。

4 同じカードのところに対応させて，カード教材を並べ置く。

> コミュニケーション > 表出性 ②

J☆sKep 2.0点未満向け

属性や代名詞を入れて構文する
機能的な目標 2nd

離れた相手に注意喚起ができる
機能的な目標 1st

伝えたいカードを弁別することができる
課題解決指向性学習

ここでは、『少し離れた相手に、注意喚起（文章バーを手渡す）をすることができる』について学びます。伝える相手を特定して、お話絵カードをしっかりと手渡せるようになりましょう。

▶ J☆sKep アセスメント　○△×で評価しましょう。

学習態勢	起立や着席を一人で行ったり，大人と一緒に歩調を合わせて歩いたり，背後，横，正面等からのガイドを受け入れたりすることができる。	
指示理解	今の行動を修正し，「〜して」や「もう一度して」に応じることができる。	
セルフマネージメント	着替えなどの簡単な日常生活動作が一人でできる。〈例：手伝ってもらえる人に近付いていって，手を引くことができる〉	
強化システムの理解	好きなものや，好きな活動を複数の選択肢から選ぶことができる。	
表出性のコミュニケーション	動作（指さしや大人の手を引くなど）を使って，意思を伝えることができる。	
模倣	鉛筆を持ったり，ジャンプしたりする動作などを，模倣しようとすることができる。	
注視物の選択	指示棒や指さしで注目を促された刺激を，注視したり，注目したりすることができる。	

▶ 教材を準備しよう　教材：お話ブック，お話絵カード

● 教材のセッティング

子どもの正面に，お話ブックを置きます。やりとりの相手は，子どもの好きな物を持って正面にいます。

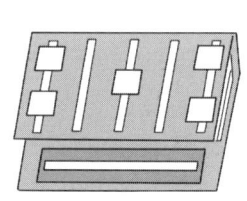

● 教材の使い方

子どもが分かりやすいお話絵カードを用意します。欲しいもの，やって欲しいことを示したお話絵カードを1枚取り出して，相手に伝えていきます。

▶ 伝えたい相手に，呼びかけましょう

1 やり取りする相手を特定する。

2 正面に座っている相手に対して，カードを差し出す。

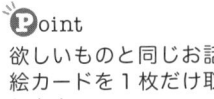
欲しいものと同じお話絵カードを1枚だけ取り出す。

3 少し離れた相手に渡すため，カードを持ったまま，席を立って歩み寄る。

相手が少し離れたところにいるときは，伝えるために席を立ち，相手に近づいていく。

4 相手の70～100cm前で立ち止まって，カードや文章バーを差し出すことができる。

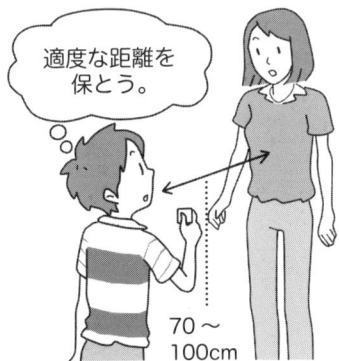

コミュニケーション

> コミュニケーション　表出性 ③

J☆sKep 2.0点以上向け

要求や拒否を音声言語で伝える
機能的な目標ゴール

属性や代名詞を入れて構文する
機能的な目標 2nd

離れた相手に注意喚起ができる
機能的な目標 1st

ここでは，『属性や代名詞を入れた三語文以上を構成することができる』について学びます。相手を特定して代名詞を選択したり，要求する具体的な量や数などの属性を含めたりして，文章を構成しましょう。

▶ J☆sKep アセスメント　〇△×で評価しましょう。

学習態勢	大人と机上で向き合って，やりとりしながら課題を成し遂げることができる。
指示理解	指示に応じて（その場で），10秒以上，待つことができる。
セルフマネージメント	5分以上，座ったり横になったりして休めるか，提示された計画にそって行動したりすることができる。
強化システムの理解	好きなものや，好きな活動をしてもらうことを期待して，課題を最後まで終わらせることができる。
表出性のコミュニケーション	代替え手段を利用して，意思を伝えたり，自分の伝えたいことを，一日20回以上，伝えたりすることができる。
模倣	モデルの人がする一つの動作を，正確に行うことができる。
注視物の選択	少し離れた大人の手元に，机上に示された刺激を，注視したり，注目したりできるか，二つの刺激のうち属性（色や形，大きさ，数など）の違いに注目して選んだりすることができる。

▶ 教材を準備しよう　教材：お話ブック，お話絵カード

● 教材のセッティング

子ども本人が理解できる絵や写真でカードを作成します。本人の好きな活動や物を表したカードと，数，大きさ，形状など属性のカードをまとめておきます。

● 教材の使い方

属性を入れた三語文以上を文章バーに構成します。

▶ 伝えたい相手に，呼びかけましょう

1 5枚以上のカードから，自分が欲しい好きなものを決めて，選び出す。

2 やりとりする相手を判断して，代名詞のカードを選び取る。

誰に伝えて良いかを周囲を確かめる。

複数あるカードの中から，伝える相手の写真カードを選び取る。

3 要求を伝えるため，大きさや数，形状，色などの属性を選ぶ。

4 代名詞，属性，好子カードなどを並べて三語文以上を構成できる。

> コミュニケーション > 表出性 ④

J☆sKep 3.0点以上向け

その場の話題に即して，会話を進める
（自己表現・想像力・創造性）

要求や拒否を音声言語で伝える
（機能的な目標ゴール）

属性や代名詞を入れて構文する
（機能的な目標2nd）

ここでは，『代名詞や属性を使って，要求や拒否を音声言語で伝えることができる』について学びます。お話絵カードで構成した文章を参考にして，音声言語で伝えましょう。

▶ J☆sKep アセスメント　○△×で評価しましょう。

学習態勢	最良の態勢になるように，自ら作業（学習）しやすい環境を作ったり，改善したりすることができる。	
指示理解	一度感情が乱れた後でも立ち直り，大人の指示に応じることができる。	
セルフマネージメント	選択肢から自分のしたいことを選び，そのとおりに行動することができる。	
強化システムの理解	大人や仲間から言語等で称賛されることを期待して，課題を最後まで終わらせることができる。	
表出性のコミュニケーション	困った時に，他人に対して援助を受けたいと伝えたり，代名詞や属性を入れた三語文以上で要求したりできる。	
模倣	モデルの人がする連続した動作を，同時に行うことができる。	
注視物の選択	2つ以上の刺激から，わずかな属性の違いに注目して，仕分けなどを素早く行うことができる。	

▶ 教材を準備しよう　教材：お話ブック，お話絵カード

● 教材のセッティング

お話ブックの中には，代名詞や欲しいもの，感情，属性などのお話カードを用意して，カテゴリーごとにまとめておきます。

● 教材の使い方

子どもは，お話絵カードを構成しながら，伝えたい内容をまとめていきます。

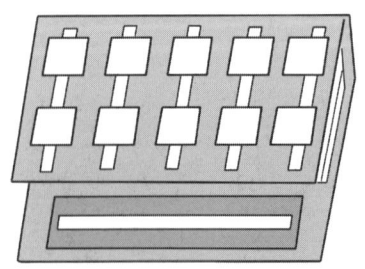

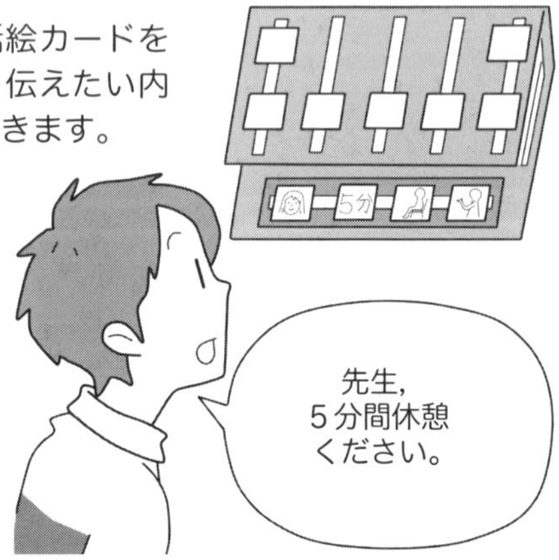

先生，5分間休憩ください。

26

▶ 自分の思いを，正確に相手に伝えよう

1 属性を用いた文章を構成して，具体的な内容を伝える。

お話絵カードを見て，伝えたい内容を考える。

何をどのくらい要求したいのか，属性を含めた文を作る。

2 やりとりをしたい相手に呼びかけ，注意喚起する。

やりとりしたい相手を見つけて近づいていく。

3 コミュニケーションカードで構成した文章を参考にして，音声言語を発する。

絵カードで構成した文章をふり返って，音声言語で伝える。

4 相手に思いを伝えた後，目線を送って，相手の表情を見る。

Point
返事をしてくれる相手の表情を見ることができる。

コミュニケーション

> コミュニケーション > 応答性 ①

J☆sKep 2.0点未満向け

「どちらを食べますか？」に答える
機能的な目標 1st

実物と絵カードのマッチングができる
課題解決指向性学習

「ください」に応じて物を手渡す
課題解決指向型学習

ここでは、『実物と絵カードのマッチングをすることができる』について学びます。カードに示される情報を読み取って、実物と照らし合わせられるようになりましょう。

▶ J☆sKep アセスメント　○△×で評価しましょう。

学習態勢	一人で，食事の時などに，椅子に座ることができる。	
指示理解	手招きや「こっちにおいで」など，人の働きかけ（指示）に応じることができる。	
セルフマネージメント	着替えなどの簡単な日常生活動作が一人でできる。〈例：靴箱に自分の靴を戻したり，歯ブラシ立てに歯ブラシを立てたりすることができる〉	
強化システムの理解	好きなものや，好きな活動が2つ以上ある。	
表出性のコミュニケーション	どうしても欲しいものがある時など，どんな形であれ，人に何かを伝えようとすることができる。	
模倣	身近な人（保護者や兄弟，クラスメイトなど）と，同じような動作をすることがある。	
注視物の選択	自分の好きなおもちゃやお菓子，テレビ番組を，注視したり，注目したりすることができる。	

▶ 教材を準備しよう　教材：人形とカードのマッチング

● 教材のセッティング

5分割した箱の中に，玩具や人形を入れ，机上に呈示します。

● 教材の使い方

箱の中に入れた物と同じ絵を示したカードを，1枚ずつ出題します。カードと実物をマッチングするように箱の枠内に入れていきます。視野が狭い場合は，枠の仕切りを2分割から始めます。

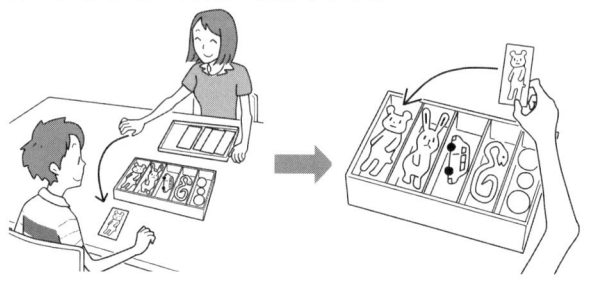

▶ カードと同じ物がどこにあるかを探し出しましょう

1 呈示された箱に注視して,中の教材を確かめる。

大人は子どもの正面に箱を呈示します。子どもは,その箱の中を見て,何の教材が入っているのかを確かめる。

---

2 机上に呈示されたカードを注視する。

 Point
呈示されたカードに書かれているものを確認するかどうか見守る。

---

3 カードと同じ実物を見つけるために,教材を見比べる。

 Point
瞬時に答える場合ばかりではありません。箱の中を見比べて,考える時間を待つようにする。

---

4 カードと同じ実物の入った枠に,カードを差し込める。

子どもは,持っているカードに描かれている絵と同じものが入っている箱の枠内に入れる。

> コミュニケーション > 応答性 ②

J☆sKep 2.0点未満向け

「これは何ですか?」に答えることができる
機能的な目標 2nd

「どちらを食べますか?」に答える
機能的な目標 1st

実物と絵カードのマッチングができる
課題解決指向性学習

ここでは,『「どちらを食べますか?」に応えることができる』をねらいます。簡単な問いかけに対して,指差しや代替え手段,言語等で応答できるようになりましょう。

▶ J☆sKep アセスメント　○△×で評価しましょう。

学習態勢	起立や着席を一人で行ったり,大人と一緒に歩調を合わせて歩いたり,背後,横,正面等からのガイドを受け入れたりすることができる。	
指示理解	今の行動を修正し,「〜して」や「もう一度して」に応じることができる。	
セルフマネージメント	着替えなどの簡単な日常生活動作が一人でできる。〈例:「水を飲みなさい」とコップを渡されて,水を飲むことができる〉	
強化システムの理解	好きなものや,好きな活動を複数の選択肢から選ぶことができる。	
表出性のコミュニケーション	動作(指さしや大人の手を引くなど)を使って,意思を伝えることができる。	
模倣	鉛筆を持ったり,ジャンプしたりする動作などを,模倣しようとすることができる。	
注視物の選択	指示棒や指さしで注目を促された刺激を,注視したり,注目したりすることができる。	

▶ 教材を準備しよう　教材:スナックタイム

● 教材のセッティング

子どもが好むものを複数用意して,大人の手元に置いておきます。

● 教材の使い方

2つのものを見せながら,「どちらを食べますか?」と問いかけます。子どもは,一方を選んで,相手に伝えるようにします。

▶ どちらか1つを選んで応答しましょう

1 「どちらを食べますか?」と呈示された2つの実物に,注目する。

好子のアイテムを2つ用意して,手元に置く。

2 呈示された2つの実物を,見くらべる。

子どもがどちらか一方を指定することを待ち,実物を呈示しておく。

3 呈示された2つの実物の,どちらか一方を指差して,選ぶ。

一方を指差す。あるいは,代替えの手段を用いて答える。

4 どちらか一方を選んだ後,手を下ろして,待っている。

子どもは,指差しや代替え手段などを用いて,どちらか一方を選び,手を下げて,手渡されることを待っている。

> コミュニケーション > 応答性 ③

J☆sKep 2.0点以上向け

「何が見える？」等の質問に応じる
機能的な目標ゴール

「これは何ですか？」に答える
機能的な目標2nd

「どちらを食べますか？」に答える
機能的な目標1st

ここでは、『「これは何ですか？」に応えることができる』をねらいます。構造化された学習場面で、簡単な問いかけに応じて、注目している物が何かを返答することを目指します。

▶ J☆sKep アセスメント　○△×で評価しましょう。

学習態勢	姿勢を一定にして、10秒以上、机上の課題に取り組んだり、大人と机上で向き合ってやりとりしたりして、課題を成し遂げることができる。	
指示理解	指示に応じて（その場で）、10秒以上、待つことができる。	
セルフマネージメント	5分以上、座ったり横になったりして休めるか、提示された計画にそって行動したりすることができる。	
強化システムの理解	好きなものや、好きな活動をしてもらうことを期待して、課題を最後まで終わらせることができる。	
表出性のコミュニケーション	代替え手段を利用して、意思を伝えたり、自分の伝えたいことを、一日20回以上、伝えたりすることができる。	
模倣	モデルの人がする一つの動作を、正確に行うことができる。	
注視物の選択	少し離れた大人の手元に、机上に示された刺激を、注視したり、注目したりできるか、2つの刺激のうち属性（色や形、大きさ、数など）の違いに注目して選んだりすることができる。	

▶ 教材を準備しよう　教材：お話ブック、お話絵カード

● 教材のセッティング

構造化された環境の中での学習です。玩具や絵本などの教材を手元に置き、同じ絵カードをお話ブックの表紙に貼り付けておきます。

● 教材の使い方

大人は、1つの教材を見せて、「これは何ですか？」と問います。子どもは、質問に応じて絵カードを構成して返事をします。

▶ 何が見えたか？質問に答えましょう

1 「これは何ですか？」と差し出された教材に，注目する。

構造化された環境で，目新しい玩具を見せて，質問する。

2 差し出された教材を見て，同じカードを選ぶ。

同じカードを選び取る。

3 〈見えます〉の動詞カードを選び出して，文章バーに貼り付ける。

文末の動詞カードを選んで，構文する。

4 文章バーを相手に手渡し，「これは何ですか」に返事をする。

コミュニケーション

> コミュニケーション > 応答性 ④

J☆sKep 3.0点以上向け

「今，どんな気分ですか？」の問いに音声言語で答える
自己表現・想像力・創造性

「何が見える?」等の質問に応じる
機能的な目標ゴール

「これは何ですか？」に答える
機能的な目標2nd

ここでは，『「何が見える？」や「何をしているの？」等の質問に応じることができる』について学びます。質問に応じて，見聞きしたことや行っていることを説明できるようになりましょう。

▶ J☆sKep アセスメント　○△×で評価しましょう。

学習態勢	最良の態勢になるように，自ら作業（学習）しやすい環境を作ったり，改善したりすることができる。	
指示理解	絵や写真,文字などで書かれている内容（指示書）にそって，課題を達成できるか，一度感情が乱れた後でも立ち直り，大人の指示に応じたりすることができる。	
セルフマネージメント	選択肢から自分のしたいことを選び，そのとおりに行動することができる。	
強化システムの理解	大人や仲間から言語等で称賛されることを期待して，課題を最後まで終わらせることができる。	
表出性のコミュニケーション	「何をしているの？」や「何が見える？」などの質問に応じることができる。	
模倣	モデルの人がする連続した動作を，同時に行うことができる。	
注視物の選択	二つ以上の刺激から，わずかな属性の違いに注目して，仕分けなどを素早く行うことができる。	

▶ 教材を準備しよう　教材：お話ブック，お話絵カード

● 教材のセッティング

休憩している場面など，自然な文脈の中での指導機会を設けます。お話ブックの中には，要求以外の説明に用いる文末カードを貼り付けます。

▶ 質問に応じて，説明しましょう

1 「何をしているの？」と聞かれ，話しかけられた相手に注目する。

（吹き出し）何をしているの？

Point
休憩している場面など，リラックスしている自然な文脈の中で，質問をする。

---

2 質問に応じて説明するために，文末カードを弁別し，構文して，返事する。

（吹き出し）質問に答えよう。

（吹き出し）電車の本を見ています。

---

3 やり取りの中で徐々に質問を変えても，返事ができる。

（吹き出し）それは何？

（吹き出し）これは，〇〇特急です。

質問に応じて文末の言い回しを変えて，返事するようにする。

コミュニケーション

このような場合は，どうする？
＜コミュニケーション編＞

代名詞や属性を入れた文章を構成できるようになってきました。
子どもが指差しをして，発声も見られますが，
どのように絵カードを読み返してあげるとよいか迷ってしまいます。

　子どもが絵カード(視空間メモ)を注視しているときに，大人から，分かりやすい音声言語を聞かせることが大切です。
　子どもが指差しをした後，絵カードに注目して3〜5秒待って発語がないときには，すぐに読み返してあげましょう。

子どもは，代替え手段を用いて，やりとりをすることを覚えてきました。
正面に座っている手の届く相手には注意喚起できますが，
少し離れたところにいる相手に対しては，諦めてしまうこともあります。

　やりとりをする相手の他に，身体ガイドをする役割を果たす大人が必要です。子どもが，コミュニケーションをしようとカードを手に取った後に，席を立てるように背後より支援しましょう。「カードを持つ〜席を立つ〜近寄る〜カードを手渡す」という行動を習得していくことができます。

スケジュール

　スケジュールは望ましい目標を想定して，主体的に活動するために必要不可欠な学習です。
　「指示」では２時間程度のスケジュールに専心して時間までにノルマを達成できることをゴールに，「選択」では好きなことや自分のしたいことをスケジュールに取り込めることをゴールに，「自分の役割と他者に配慮した計画」では役割分担した活動を交互できることをゴールにしています。

> スケジュール > 指示 ①

J☆sKep 2.0点未満向け

3つの活動とご褒美を見通せる
機能的な目標 1st

渡された物に順番に取り組む
課題解決指向性学習

上から下からまたは左から右に，物を並べる
課題解決指向型学習

ここでは，『3つの課題を渡されて，順番に取り組むことができる』について学びます。結果の分かりやすい教材を用いて，連続で3つの課題をやり遂げるようにしましょう。

▶ J☆sKep アセスメント　○△×で評価しましょう。

学習態勢	一人で，食事の時などに，椅子に座ることができる。	
指示理解	手招きや「こっちにおいで」など，人の働きかけ（指示）に応じることができる。	
セルフマネージメント	着替えなどの簡単な日常生活動作が一人でできる。〈例：家族から衣服を1枚ずつ手渡してもらえれば，着替えることができる〉	
強化システムの理解	好きなものや，好きな活動が2つ以上ある。	
表出性のコミュニケーション	どうしても欲しいものがある時など，どんな形であれ，人に何かを伝えようとすることができる。	
模倣	身近な人（保護者や兄弟，クラスメイトなど）と，同じような動作をすることがある。	
注視物の選択	自分の好きなおもちゃやお菓子，テレビ番組を，注視したり，注目したりすることができる。	

▶ 教材を準備しよう　教材：キューブの棒さし

● 教材のセッティング

3色のキューブを1個ずつと，確認シートを用意します。

● 教材の使い方

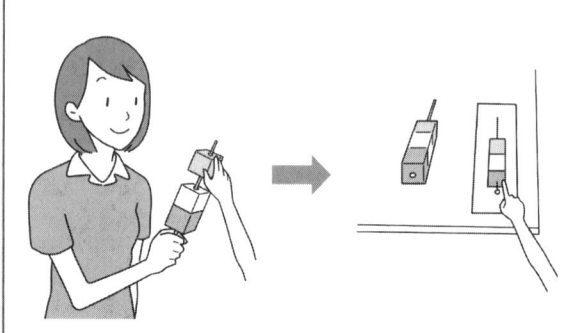

①キューブを手渡しして，先生が持つ棒に通していきます。

②完成した後に，確認シートを用いて照らし合わせ，順番に並べてあるかを指さして確かめます。

▶ 渡されたものを順番に操作しよう

1 手渡された教材の棒を先生から受け取り、握って持つ。

「手はお膝で」
「棒を持ってください。」

大人が教材(棒)を差し出し、子どもは、手を伸ばして教材を受け取って握る。

2 机上に呈示したキューブに、素早く注目する。

先生は、キューブを1個取り出し、色を言って、子どもの前に出す。子どもは、キューブに注目する。

「キューブを3個さしてください。」
「赤を挿して。」

3 キューブを順番に受け取って棒にさす。

「穴はどこかな？」

Point キューブを回しながら棒にさす穴を探す。

4 役割を入れかわり先生が持っている棒にキューブをさす。

「青、さして。」
「黄色、さして。」

2個目のキューブを呈示した後、棒を持ち子どもの方へ差し出す。

「最初は、青だ。」
「2個目は黄色だ。」

スケジュール

> スケジュール > 指示 ②

J☆sKep 2.0点未満向け

1時間程度のスケジュールを見通せる
（機能的な目標 2nd）

3つの活動とご褒美を見通せる
（機能的な目標 1st）

渡された物を順番に取り組む
（課題解決指向性学習）

ここでは，『3つの活動＋ご褒美のスケジュールに取り組むことができる』について学びます。望ましい目標を想定して，何を，どのくらい頑張るとご褒美につながるかを見通せるようになりましょう。

▶ J☆sKep アセスメント　○△×で評価しましょう。

学習態勢	起立や着席を一人で行ったり，大人と一緒に歩調を合わせて歩いたり，背後，横，正面等からのガイドを受け入れたりすることができる。	
指示理解	今の行動を修正し，「〜して」や「もう一度して」に応じることができる。	
セルフマネージメント	着替えなどの簡単な日常生活動作が一人でできる。	
強化システムの理解	好きなものや，好きな活動を複数の選択肢から選ぶことができる。	
表出性のコミュニケーション	動作（指さしや大人の手を引くなど）を使って，意思を伝えることができる。	
模倣	鉛筆を持ったり，ジャンプしたりする動作などを，模倣しようとすることができる。	
注視物の選択	指示棒や指さしで注目を促された刺激を，注視したり，注目したりすることができる。	

▶ 教材を準備しよう　教材：スケジュール帳

● 教材のセッティング

3つの活動とご褒美を貼った台紙と，スケジュール帳を用意します。

● 教材の使い方

スケジュール帳の中は，インデックスシートの上に，カードを貼り付けるスケルトンシートを差し込み，次頁が見えないようにします。カードで示される活動を読み上げます。このとき，大人も一緒に読み上げます。

足し算の勉強。

▶ スケジュールを組み立てよう

1 呈示されたカードを，左から順番に貼りかえながら確かめる。

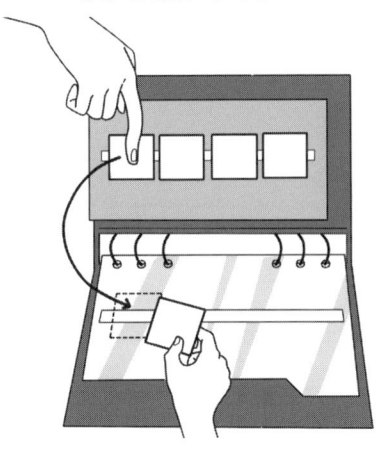

2 スケジュールカードを1枚ずつ指差して，一緒に読み上げる。

「1番目はパズルだ。」

「足し算の勉強。」

Point 注目していることを確かめて読み上げる。または聞かせる。

3 ひとつの活動が完了したら，「スケジュールを確認してください」の指示に応じて，スケジュール帳を見る。

「スケジュールを確認してください。」

Point 自らスケジュールを確認するように，少しずつ待ってみましょう。

4 最後まで進んだら，スケジュールカードを見てご褒美を要求する。

「3つ目が終わった。次はご褒美だ。」

「ご褒美をください。」

> スケジュール > 指示 ③

J☆sKep 2.0点以上向け

2時間程度のスケジュールに専心する
機能的な目標ゴール

1時間程度のスケジュールを見通せる
機能的な目標 2st

3つの活動とご褒美を見通せる
機能的な目標 1st

ここでは、『1時間程度のスケジュールに従って、複数の活動に取り組むことができる』について学びます。15～30分程を一区切りとするスケジュールシートを組み合わせ、やり遂げられるようになりましょう。

▶ J☆sKep アセスメント　○△×で評価しましょう。

学習態勢	姿勢を一定にして、10秒以上、机上の課題に取り組んだり、大人と机上で向き合ってやりとりしたりして、課題を成し遂げることができる。	
指示理解	指示に応じて（その場で）、10秒以上、待つことができる。	
セルフマネージメント	5分以上、座ったり横になったりして休めるか、提示された計画にそって行動したりすることができる。	
強化システムの理解	好きなものや好きな活動をしてもらうことを期待して、課題を最後まで終わらせることができる。	
表出性のコミュニケーション	代替え手段を利用して、意思を伝えたり、自分の伝えたいことを、一日20回以上、伝えたりすることができる。	
模倣	モデルの人がする一つの動作を、正確に行うことができる。	
注視物の選択	少し離れた大人の手元や、机上に示された刺激を、注視したり、注目したりすることができる。	

▶ 教材を準備しよう　教材：スケジュール帳

● 教材のセッティング

子ども本人が理解できる絵や写真でカードを作成します。本人の好きな活動や物を表したカードをまとめておきます。

● 教材の使い方

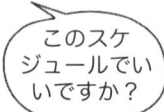

① 1シートに、3つの活動とご褒美を組み込んで呈示します。

② シートを3～4枚組み合わせて、1時間程度の予定を呈示します。

「ご褒美は、何にしますか？」
「○○にします。」
「このスケジュールでいいですか？」
「ハイ、大丈夫です。」

▶ 複数枚のスケジュールシートを組み合わせよう

1 提案された3~4枚のスケジュールシートを順番にめくり，内容を確かめる。

1ページ
2ページ

Point
各シートに示されるカードは，自ら左から順番に確かめよう。

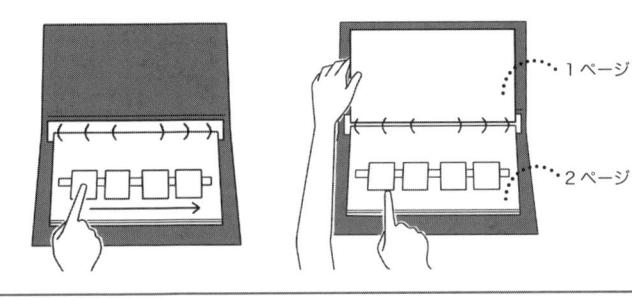

2 先生と交渉して，スケジュールを組み立てる。

3つの活動を終えたら，ご褒美です。何を選びますか？

選択ボード

○○をして休憩したいです。

選択ボード

3 活動が終わるたびに，スケジュール帳で予定を確認する。

Point
スケジュール帳の管理ができるように，大人は待つことも大切になる。

4 予定されていた休憩やご褒美を要求する。

①終わったカードをはがし取る。

3つ目の活動が終わった。

②先生に要求して，ご褒美をもらう。

先生，ご褒美の○○をください。

スケジュール

43

> スケジュール > 指示 ④

J☆sKep 3.0点以上向け

スケジュールが遂行できたか確認する
自己表現・想像力・創造性

2時間程度のスケジュールに専心する
機能的な目標ゴール

1時間程度のスケジュールを見通せる
機能的な目標 2nd

ここでは,『2時間程度のスケジュールに専心して,時間までにノルマを達成することができる』について学びます。2時間程度の見通しを持ち,時間内に予定を終了できるように,スケジュールを遂行しましょう。

▶ J☆sKep アセスメント　○△×で評価しましょう。

学習態勢	最良の態勢になるように,自ら作業（学習）しやすい環境を作ったり,改善したりすることができる。	
指示理解	絵や写真,文字などで書かれている内容にそって課題を達成する。	
セルフマネージメント	選択肢から自分のしたいことを選び,そのとおりに行動することができる。	
強化システムの理解	大人や仲間から言語等で賞賛にされることを期待して,課題を最後まで終わらせることができる。	
表出性のコミュニケーション	困ったときに,他人に対して,援助を受けたいと伝える。	
模倣	モデルの人がする連続した動作を,同時に行うことができる。	
注視物の選択	二つ以上の刺激から,わずかな属性の違いに注目して,仕分けなどを素早く行うことができる。	

▶ 教材を準備しよう　教材：スケジュール帳

● 教材のセッティング

子どもと一緒に確認する2時間分のスケジュールカードを用意します。

休憩の過ごし方を選ぶため選択肢カードをまとめます。

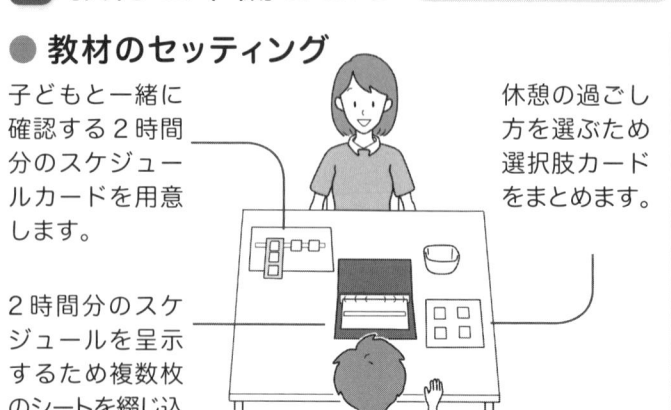

2時間分のスケジュールを呈示するため複数枚のシートを綴じ込んだスケジュール帳を置きます。

● 教材の使い方

開始時刻を伝えて,スケジュール帳に綴じ込みます。休憩の過ごし方も選択します。

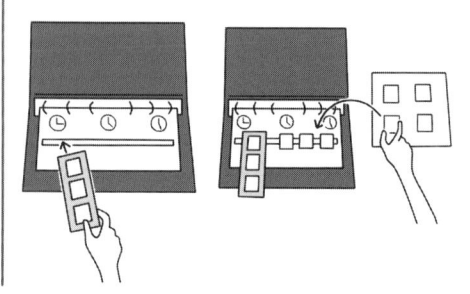

▶ 複数枚のスケジュールシートを組み立てよう

1 スケジュール帳を見る前に、現在の時刻を確かめる。

3時だ！

2 1つずつの活動の内容や分量を身近にいる大人に確かめる。

この活動は全部で何枚ですか。

3 活動の途中で、時刻を確かめて、スケジュール帳と照らし合わせる。

もうすぐ4時だ。予定どおりに進んでいるかな。

2つ目まで進んだ。もうすぐ4時だけど。まだ約束したものが残っているな…。

4 進行状況に応じて作業ペースをあげたり、大人に予定の変更を相談したりする。

次の予定を少し遅らせてもらおう。

スケジュール

> スケジュール > 選択 ①

J☆sKep 2.0点未満向け

休み時間の過ごし方を１つ選ぶ
機能的な目標1st

○や△の型はめができる
課題解決指向性学習

呼ばれた相手に向かっていく
課題に応じて身体を動かす

ここでは、『○や△の型に応じて、型はめをすることができる』をねらいます。○△□の３つの型を見比べて、適切な場所に、切片を型はめすることを学びます。

▶ J☆sKep アセスメント　○△×で評価しましょう。

学習態勢	一人で、食事の時などに、椅子に座ることができる。
指示理解	手招きや「こっちにおいで」など、人の働きかけ（指示）に応じることができる。
セルフマネージメント	着替えなどの簡単な日常生活動作が一人でできる。 〈例：２つの選択肢の中から、好きな方を選ぶことができる〉
強化システムの理解	好きなものや、好きな活動が２つ以上ある。
表出性の コミュニケーション	どうしても欲しいものがある時など、どんな形であれ、人に何かを伝えようとすることができる。
模倣	身近な人（保護者や兄弟、クラスメイトなど）と、同じような動作をすることがある。
注視物の選択	自分の好きなおもちゃやお菓子、テレビ番組を、注視したり、注目したりすることができる。

▶ 教材を準備しよう　教材：○△□の型はめ

● 教材のセッティング

○△□の型はめの切片をトレイに入れて、手元に置いておきます。

● 教材の使い方

子どもの正面に型はめのフレームを置きます。フレームの型と同じ順番にならないように、３つの切片を横に並べて置きます。

▶ 型を見て，同じ切片をはめ込みましょう

1 机上に呈示される切片に，注目する。

「〇〇くん，手はお膝。」
「よい姿勢を取ろう。」
「はめてください。」
「おっ，3つのパーツが出てきたぞ。」

3つの教材（切片）を机上に呈示して，「はめてください」と型はめを促す。

2 片手で切片を持って，操作する。

「まずはこれを取ろう。」
「右手で持って，片手で操作する。」

3 枠にある3つの型を見くらべて，適切な場所に，切片を置こうとする。

「どんな形があるか順番にチェックしよう。」
「これは，丸だな。」

Point 型はめの3つの枠を見渡せる。

4 手指，手首を柔軟に動かして，切片をはめ込む。

「切片を回してぴったりとはめよう。」

Point 枠を注視し，ぴったりはめるように手指・手首を適度に回旋させて操作する。

スケジュール

47

スケジュール > 選択 ②

J☆sKep 2.0点未満向け

場所を移動する休憩に取り組む
機能的な目標2nd

休み時間の過ごし方を1つ選ぶ
機能的な目標1st

○や△の型はめができる
課題解決指向性学習

ここでは,『休み時間の過ごし方を2つ〜3つの選択肢の中から,1つ選ぶことができる』について学びます。選択肢の中から,自ら選ぶ経験を積んでいきましょう。

▶ J☆sKep アセスメント ○△×で評価しましょう。

学習態勢	起立や着席を一人で行ったり,大人と一緒に歩調を合わせて歩いたり,背後,横,正面等からのガイドを受け入れたりすることができる。
指示理解	今の行動を修正し,「〜して」や「もう一度して」に応じることができる。
セルフマネージメント	着替えなどの簡単な日常生活動作が一人でできる。
強化システムの理解	好きなものや,好きな活動を複数の選択肢から選ぶことができる。
表出性のコミュニケーション	動作（指さしや大人の手を引くなど）を使って,意思を伝えることができる。
模倣	鉛筆を持ったり,ジャンプしたりする動作などを,模倣しようとすることができる。
注視物の選択	指示棒や指さしで注目を促された刺激を,注視したり,注目したりすることができる。

▶ 教材を準備しよう 教材：スケジュール帳

● 教材のセッティング

子どもに選択してもらうための休憩グッズを,手元に用意します。スケジュール帳には,休憩グッズと同じ絵カードを提示します。

● 教材の使い方

提示された2つの休憩の選択肢を見て,いずれか1つを選び取り,スケジュール帳に貼り付けます。

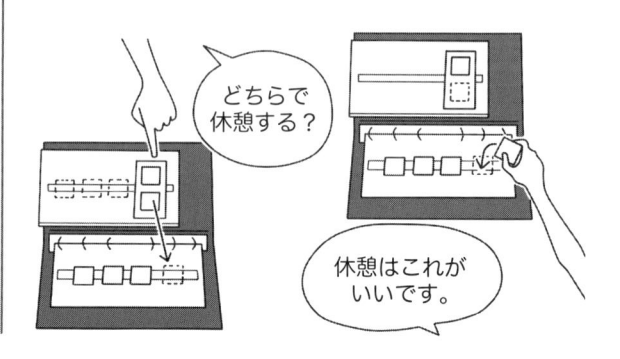

どちらで休憩する？

休憩はこれがいいです。

▶ 2〜3の選択肢から1つを選びましょう

1 大人の手元に呈示された休憩グッズに，注目する。

> 何か呈示されたぞ。

2 2〜3つの選択肢の中から，1つだけ選ぶ。

> 2つの選択肢があるぞ。見てみよう。

> この本を読んで休憩する！

Point
すべての選択肢を確かめた後，好みの1つを選び，指差しまたは口頭で答える。

3 大人から休憩グッズを受け取る。

> 勉強が終わった。次は休憩だ。

> 休憩時間だから，本をください。

活動を終えたら，自らスケジュールを操作して，次の予定を確かめる。

4 椅子に座って，5分程度の休憩時間を過ごす。

> 座って休むこと大事だな。

椅子に座り，休憩グッズを用いて，5分程度過ごす。

スケジュール

49

> スケジュール > 選択 ③

J☆sKep 2.0点以上向け

好きな活動をスケジュールに組み込む
機能的な目標ゴール

場所を移動する休憩に取り組む
機能的な目標2nd

休み時間の過ごし方を1つ選ぶ
機能的な目標1st

ここでは,『場所を移動する必要のあるご褒美や休憩を3つ以上の選択肢から選んで,そのとおりに行動することができる』について学びます。場面を変えても,計画どおりに行動を遂行できることを目指します。

▶ J☆sKep アセスメント　○△×で評価しましょう。

学習態勢	姿勢を一定にして,10秒以上,机上の課題に取り組むことができる。
指示理解	指示に応じて(その場で),10秒以上,待つことができる。
セルフマネージメント	5分以上,座ったり横になったりして休めるか,提示された計画にそって行動したりすることができる。
強化システムの理解	好きなものや,好きな活動をしてもらうことを期待して,課題を最後まで終わらせることができる。
表出性のコミュニケーション	代替え手段を利用して,意思を伝えたり,自分の伝えたいことを,一日20回以上,伝えたりすることができる。
模倣	モデルの人がする一つの動作を,正確に行うことができる。
注視物の選択	少し離れた大人の手元に,机上に示された刺激を,注視したり,注目したりできるか,二つの刺激のうち属性(色や形,大きさ,数など)の違いに注目して選んだりすることができる。

▶ 教材を準備しよう　教材:スケジュール帳

● 教材のセッティング

1時間程度の活動を組み込んだスケジュール帳と,ご褒美を選択するためのカードをまとめた選択ボードを呈示します。

● 教材の使い方

1時間程度のスケジュールを組み終えて,＜選ぶ＞のカードまで進んできたとき,選択ボードから休憩内容を選択してもらいます。

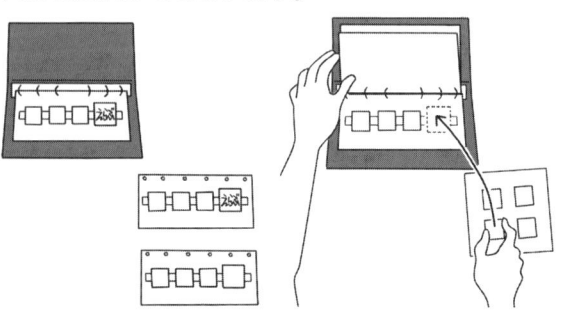

▶ ご褒美や休憩を選んで，そのとおりに行動しよう

1 選択ボードに呈示される3つ以上の選択肢から，いずれか1つを指して選ぶ。

どの休憩にしますか？

この休憩がいいです。

2 選択したご褒美が実行できる場所まで，自ら移動する。

いよいよ休憩の時間だ。

2階でDVDを見よう。

3 移動するときに，自らスケジュールを持って歩く。

必ずスケジュール帳を持っていこう。

休憩は2階でDVDを見るぞ。楽しみだ…。

4 移動した先で必要な準備をして，休憩に取り組む。

電灯をつけて…，TVをつけて，見る用意をしよう。

椅子に座って休憩しよう。

椅子に座り，約束したとおり，選んだ休憩に取り組むことができる。

スケジュール

> スケジュール > 選択 ④

J☆sKep 3.0点以上向け

場面の状況に合わせて，休みの内容を選択することができる
自己表現・想像力・創造性

好きな活動をスケジュールに組み込む
機能的な目標ゴール

場所を移動する休憩に取り組む
機能的な目標2nd

ここでは，『好きなこと，自分のしたいことを，自らスケジュールに取り組むことができる』について学びます。2時間程度の時間を見通して，頑張る活動のほかに，自分のしたいことを組み込めるようになることを目指します。

▶ J☆sKep アセスメント   ○△×で評価しましょう。

学習態勢	最良の態勢になるように，自ら作業（学習）しやすい環境を作ったり，改善したりすることができる。	
指示理解	絵や写真，文字などで書かれている内容にそって課題を達成する。	
セルフマネージメント	選択肢から自分のしたいことを選び，そのとおりに行動することができる。	
強化システムの理解	大人や仲間から言語等で賞賛にされることを期待して，課題を最後まで終わらせることができる。	
表出性のコミュニケーション	代名詞や属性を入れた三語文以上で，好きなことを要求することができる。	
模倣	モデルの人がする連続した動作を，同時に行うことができる。	
注視物の選択	二つ以上の刺激から，わずかな属性の違いに注目して，仕分けなどを素早く行うことができる。	

▶ 教材を準備しよう   教材：スケジュール帳

● 教材のセッティング
外出して楽しむことや，室内でできる楽しいことなど，本人が好む活動をまとめた選択ボードを用意します。

● 教材の使い方
自分のしたいことを選択肢ボードの中から選び取ります。選択した楽しい活動を，スケジュール帳の中に入れ込んで使います。

▶ 好きな活動をスケジュール帳に組み合わせよう

1 自分のしたいことを,決めることができる。

自分が持っているレジャーの選択リストの中から,取り組みたい活動を選び出す。

「今日は何をしようかな？」

2 自分のしたいことが,実行できる時間があるかどうかを確かめる。

「今のところ,30分間取れる時間はあるかな？」

3 自分のしたいことをスケジュールに組み込めるか,相手に相談する。

Point
自分の取り組みたい活動を相手に伝えて,相談する。

「30分間,サイクリングに行ってもいい？」

「何時から始めるの？」

「3時から始めたいです。」

4 自分で組み入れた活動ができることを励みにして,予定を遂行する。

決定した予定をスケジュール帳に入れ込み,2時間の予定を確かめる。

「楽しみが決まったぞ。予定に入れよう。」

「2時間の見通しが持てたぞ。頑張ろう。」

スケジュール

> スケジュール 自分の役割と他者に配慮した計画 ①

J☆sKep 2.0点未満向け

順番のある活動に取り組む
機能的な目標 1st

指示に応じて，大人と一緒に机を運ぶ
課題解決指向性学習

終わりに合わせて組み立てるパズルを完成する
課題解決指向型学習

ここでは，『指示に応じて，大人と一緒に机等のものを運ぶことができる』について学びます。かけ声に合わせて持ち上げたり，相手について行けるようになりましょう。

▶ J☆sKep アセスメント　○△×で評価しましょう。

学習態勢	一人で，食事の時などに，椅子に座ることができる。	
指示理解	手招きや「こっちにおいで」など，人の働きかけ（指示）に応じることができる。	
セルフマネージメント	着替えなどの簡単な日常生活動作が一人でできる。 〈例：支援者が手伝ってくれれば，着替えをすることができる〉	
強化システムの理解	好きなものや，好きな活動が2つ以上ある。	
表出性のコミュニケーション	どうしても欲しいものがある時など，どんな形であれ，人に何かを伝えようとすることができる。	
模倣	身近な人（保護者や兄弟，クラスメイトなど）と，同じような動作をすることがある。	
注視物の選択	自分の好きなおもちゃやお菓子，テレビ番組を，注視したり，注目したりすることができる。	

▶ 教材を準備しよう　教材：机運び

● 教材のセッティング
机の近くに立って，子どもに呼びかける用意をします。

● 教材の使い方
子どもを正面に立たせて，同じ構えをとってもらいます。準備が整ったら，かけ声をかけて，肘を曲げて机を持ち上げて運びます。

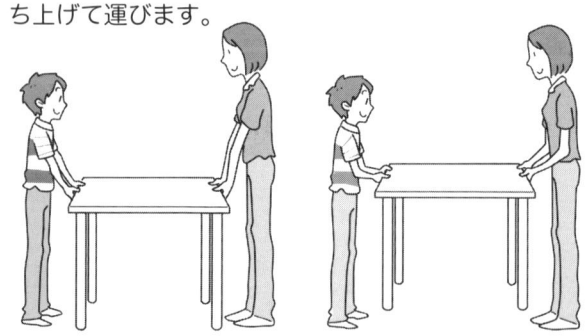

▶ 大人と一緒に机を持ち上げて，運ぶ

1 「〜さん」との呼びかけに応じて，注意を向ける。

「〜さん」
「ぼく，呼ばれている。」

呼びかけに応じて，振り向いて注目する。

2 大人の近くまで歩み寄る。

「何か用事かな?!」
「机運びを手伝って。」
「いいよ。」

子どもが近寄ってきたら，手伝ってほしいと伝える。

3 大人と同じような構えをして，机などを運ぼうとすることができる。

「机の縁を持つんだね。」
「同じように持ってください。」

Point 大人の構え方を見て，同じように机の縁を持つ。

Point 大人の指示に応じて，机の向かい側に立つ。

4 かけ声に合わせて，机などを持ち上げる。

「いくよ。せーの」
「一緒に持ち上げるぞ。」
「イチ，ニッ　イチ，ニッ」
「ペースを合わせて」

2人でペースを合わせて机を運ぶように促す。

スケジュール

55

> スケジュール　自分の役割と他者に配慮した計画 ②

J☆sKep 2.0点未満向け

相手に合わせてスケジュールを変更する
機能的な目標2nd

順番のある活動に取り組む
機能的な目標1st

指示に応じて，大人と一緒に机を運ぶ
課題解決指向性学習

ここでは，『順番（時間になったら交代する等）のあるスケジュールに応じて，行動することができる』について学びます。自分と他者の存在を分かって，順番に活動に取り組めるようになりましょう。

▶ J☆sKep アセスメント　　○△×で評価しましょう。

学習態勢	起立や着席を一人で行ったり，大人と一緒に歩調を合わせて歩いたり，背後，横，正面等からのガイドを受け入れたりすることができる。	
指示理解	今の行動を修正し，「〜して」や「もう一度して」に応じることができる。	
セルフマネージメント	着替えなどの簡単な日常生活動作が一人でできる。	
強化システムの理解	好きなものや好きな活動を，複数の選択肢から選ぶことができる。	
表出性のコミュニケーション	動作（指さしや大人の手を引くなど）を使って，意思を伝えることができる。	
模倣	鉛筆を持ったり，ジャンプしたりする動作などを，模倣しようとすることができる。	
注視物の選択	指示棒や指さしで注目を促された刺激を，注視したり，注目したりすることができる。	

▶ 教材を準備しよう　教材：順番表

● 教材のセッティング
参加するメンバーの顔写真と名前をカードにして，順番を呈示します。

● 教材の使い方
参加者全員の顔写真を呈示します。順番が入れ変るたびに，順番表を見せて，一人ずつはがし取り，次の人を一緒に確かめます。

▶ 順番表の入れ替えを見て，交代する

1 顔写真を用いた順番表の入れ替わりを見て，順番に応じる。

1番はAくん
2番はBくん

あっ！僕は2番目だ。

2 他者が活動しているとき，相手に注目する。

Aくんの発表，上手だな。

スケジュール

3 前の順番の人の活動が終わったら，スケジュールを自ら確かめる。

これで終わります。

次は誰かな？

次は，〜くんです。

僕の順番だ。

Point 自分の順番を確かめてから，前方へ出て行ける。

4 自分の順番が終わったら，交代できる。

これで終わります。

Point 活動がすべて終わったら，自分の座席に戻り，順番を交代しようとする。

スケジュール　自分の役割と他者に配慮した計画 ③

J☆sKep 2.0点以上向け

役割分担した活動に取り組む
機能的な目標ゴール

相手に合わせてスケジュールを変更する
機能的な目標 2nd

順番のある活動に取り組む
機能的な目標 1st

ここでは，『「早く終わったら他者を手伝ってね」等の指示に応じて，スケジュールを変化させることができる』について学びます。相手に合わせたスケジュールの変化に応じるという大切なステップです。

▶ J☆sKep アセスメント　○△×で評価しましょう。

学習態勢	大人と机上で向き合って，やりとりしながら課題を成し遂げる。	
指示理解	指示に応じて（その場で），10秒以上，待つことができる。	
セルフマネージメント	5分以上，座ったり横になったりして休めるか，提示された計画にそって行動したりすることができる。	
強化システムの理解	好きなものや，好きな活動をしてもらうことを期待して，課題を最後まで終わらせることができる。	
表出性のコミュニケーション	代替え手段を利用して，意思を伝えたり，自分の伝えたいことを，一日20回以上，伝えたりすることができる。	
模倣	モデルの人がする一つの動作を，正確に行うことができる。	
注視物の選択	少し離れた大人の手元や，机上に示された刺激を，注視したり，注目したりすることができる。	

▶ 教材を準備しよう　教材：スケジュール帳

● 教材のセッティング
活動の途中に!カードを組み入れたスケジュール帳を提示します。

● 教材の使い方
スケジュール帳には，途中に!カードを組み入れて，「あとで手伝ってね」とお願いしておきます。内容は後で伝えます。

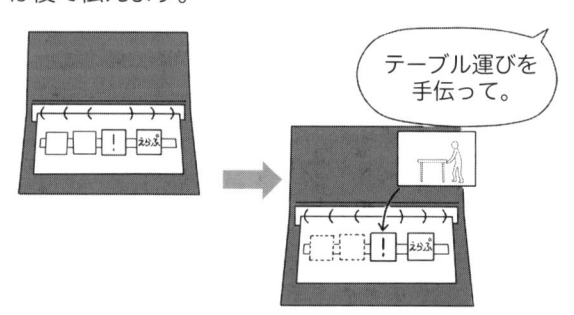

テーブル運びを手伝って。

▶ 相手に頼まれた活動（予定）を手伝いましょう

1 まだ内容が確定していない活動（!マークのカード）を，予定として組み込んだスケジュールに応じる。

「3つ目に!を入れて，最後にご褒美にしよう。」

「3つ目の!は後で伝えます。これでいいですか？」

「分かりました。」

💡Point 子どもにスケジュールを呈示し，内容を確かめて，合意を得る。

2 まだ内容が確定していない活動以外は，主体的に活動を遂行する。

「2つ目の活動が終った。」

3 !マークのスケジュールカードの順番になったら，大人に予定を聞いて確かめる。

「次は，!だな。」

「!の予定は何ですか？」

先生に!マークで示された予定を聞いて，内容を知ることができる。

4 本人にとって特に嬉しい活動ではなくても，交渉に応じて，追加に応じることができる。

「机運びを手伝って。」

「分かりました。」

先生は，!カードで示した活動が，例えば手伝いであることを伝える。

スケジュール

> スケジュール　自分の役割と他者に配慮した計画 ④

J☆sKep 3.0点以上向け

休み時間の過ごし方を，相手に合わせて変える
自己表現・想像力・創造性

役割分担した活動に取り組む
機能的な目標ゴール

相手に合わせてスケジュールを変更する
機能的な目標 2nd

ここでは，『役割分担した活動を交互にすることができる』について学びます。自分の役割を果たし，他者に合わせて取り組めるようになりましょう。

▶ J☆sKep アセスメント　　○△×で評価しましょう。

学習態勢	最良の態勢になるように，自ら作業（学習）しやすい環境を作ったり，改善したりすることができる。	
指示理解	絵や写真，文字などで書かれている内容（指示書）にそって，課題を達成できるか，一度感情が乱れた後でも立ち直り，大人の指示に応じたりすることができる。	
セルフマネージメント	選択肢から自分のしたいことを選び，そのとおりに行動することができる。	
強化システムの理解	大人や仲間から言語等で称賛されることを期待して，課題を最後まで終わらせることができる。	
表出性のコミュニケーション	困った時に，他人に対して援助を受けたいと伝えたり，代名詞や属性を入れた三語文以上で要求したりできる。	
模倣	モデルの人がする連続した動作を，同時に行うことができる。	
注視物の選択	2つ以上の刺激から，わずかな属性の違いに注目して，仕分けなどを素早く行うことができる。	

▶ 教材を準備しよう　*教材：役割分担表*

● 教材のセッティング

事前に，作業に使う道具を用意して各配置場所に置きます。役割分担する作業内容とメンバーを振り分け，メンバー表を示しておきます。

● 教材の使い方

役割分担をするために，どんな作業があるか，どのメンバーで取り組むかを確かめます。作業が終わったら，メンバー表を見て，分担した作業が終了したことをメンバーと確かめ，カードをはがします。

終わりました。

▶ パートナーと一緒に役割活動に取り組もう

1 2人以上のメンバーの役割表を見て、自分の役割が分かる。

僕は、テーブル拭きの担当だ。

2 2人以上のメンバーの役割表を見て、相手や仲間の役割が分かる。

Bくんも一緒にテーブル拭きだ。

窓拭きの担当は先生だ。

スケジュール

3 「始めましょう」の合図に応じて、担った役割活動の場所へ移動する。

作業を始めましょう。

わかりました。

僕は、テーブル拭きだ！台所へ行こう！

Point 活動場所を理解して、自ら移動する。

4 相手に素早く取り組むよう促されたことに応じて、活動のペースを変えられる。

〇〇くん、急いでくださいね。

少し急ごう。これで終わりだ。

子どもは、先生の促しに応じて、活動のペースを変えられる。

61

このような場合は，どうする？
＜スケジュール編＞

正時と30分の時刻をスケジュールに入れて使っています。
でも，提示したスケジュールを順番に遂行しているだけで，
時間の幅への意識がなかなか進まずに困っています。

時計の勉強として15分後・30分後の理解を進めます。そして，2時間枠の壁掛けスケジュール(たすく教材)を用いて，ルーティンのある生活の中で活用します。この学習を通して，好きな活動がどのくらいできるのか？2時間の間にどのくらいの活動量があるのか？を見通せるようになります。

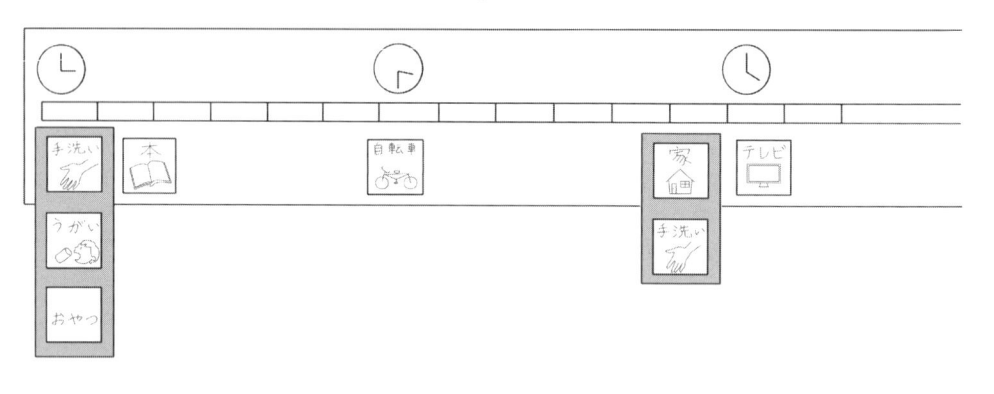

個人別の課題学習やお手伝いなど，限定された時間帯は，
1時間程度のスケジュールに従って取り組めるようになってきました。
しかし，1日を通じてスケジュールを組み入れることができずに困っています。

子どもの1日をふり返り，ルーティンとなる日課を整理してみましょう。はじめに，毎日やっていることを書き出します。そして，書き出した日課の前後で，子どもが一人で行ったり，ご家族から促されたりする活動を見つけてみましょう。きっとあるはずです。日課は，子ども自身も見通しをもち，動機付けのある活動です。その活動に向かって細かい活動をスケジュールに組み入れると，スムーズに活用できます。時刻を記入すると，隙間の時間も発見できます。

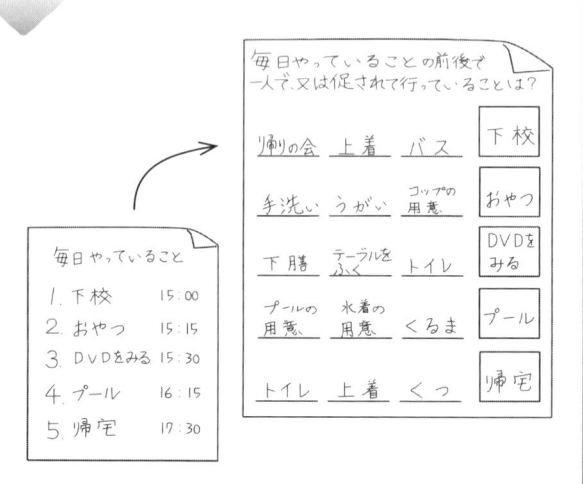

タスクオーガナイゼーション

　課題を機能的かつ効率的に取り組むためには，認知しやすい体勢づくりが必要になります。
　「上下左右の認知」では，自分の作業しやすい環境をつくれることをゴールとしています。
　「学習（作業）の体勢」では，椅子を選択したり調整したりして，学習（作業）の体勢をつくれることをゴールとしています。

> タスクオーガナイゼーション　　上下左右の認知 ①

J☆sKep 2.0点未満向け

教材の枠を左手で押さえる
機能的な目標 1st

左から右, 上から下の順番で並べる
課題解決指向性学習

順番に物を取る
課題解決指向型学習

ここでは、『縦切り・横切りのパズルを、左から右、上から下の順番に組み入れることができる』について学習します。ものを見るために、左から右、上から下の順序で、情報を捉える力を身につけましょう。

▶ J☆sKep アセスメント　　○△×で評価しましょう。

学習態勢	一人で、食事の時などに、椅子に座ることができる。	
指示理解	手招きや「こっちにおいで」など、人の働きかけ（指示）に応じることができる。	
セルフマネージメント	着替えなどの簡単な日常生活動作が一人でできる。〈例：脱いだ服を、鞄の中に片づけることができる〉	
強化システムの理解	好きなものや、好きな活動が2つ以上ある。	
表出性のコミュニケーション	どうしても欲しいものがある時など、どんな形であれ、人に何かを伝えようとすることができる。	
模倣	身近な人（保護者や兄弟、クラスメイトなど）と、同じような動作をすることがある。	
注視物の選択	自分の好きなおもちゃやお菓子、テレビ番組を、注視したり、注目したりすることができる。	

▶ 教材を準備しよう　教材：たすく4片パズル

● 教材のセッティング

パズルのフレームを子どもの正面に置きます。4片パズルを、完成形の並び方で、設定します。

● 教材の使い方

パズルを左から順番に1枚ずつ取り、フレームの上を滑らせながらはめ込みます。

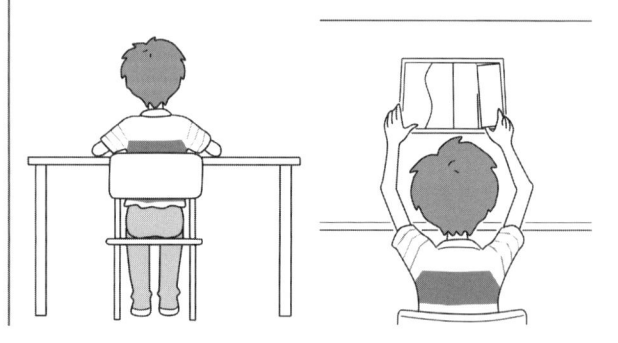

▶ 順番を守って，パズルを完成させよう

1 左手でパズルの枠を押さえる。

　　人差し指をかけてしっかり押さえる。

2 正しい順番に並べられたパズルを，左側から順に取り出す。

　　4片パズルに取り組むぞ。

　　1番目は，顔の部分から。

3 切片をフレームに置いて，左側へスライドさせて移動する。

　　パズルをフレームに置いて…。

　　スライドさせて，ピタッと合わせる。

　　パズルのフレームに置いた切片を，スライドさせながら，左に寄せていく。

4 見本を見て，左から順番に指差して，確認する。

　　指差して確認するぞ。

　　1番，ゾウの顔

　　1番，ゾウの顔

　　見本シートで確認するたびに，番号と部位を読み上げる。

タスクオーガナイゼーション

> タスクオーガナイゼーション　> 上下左右の認知 ②

J☆sKep 2.0点未満向け

作業の対象を正面に持ってくる
_{機能的な目標 2nd}

教材の枠を左手で押さえる
_{機能的な目標 1st}

左から右，上から下の順番で並べる
_{課題解決指向性学習}

ここでは，『教材の枠を左手で押さえて，取り組むことができる』について学びます。姿勢を正し，一定の距離感をもって，自ら，認知しやすい視野を保つための体勢を整えられるようになりましょう。

▶ J☆sKep アセスメント　○△×で評価しましょう。

学習態勢	起立や着席を一人で行ったり，大人と一緒に歩調を合わせて歩いたり，背後，横，正面等からのガイドを受け入れたりすることができる。	
指示理解	今の行動を修正し，「～して」や「もう一度して」に応じることができる。	
セルフマネージメント	着替えなどの簡単な日常生活動作が一人でできる。	
強化システムの理解	好きなものや，好きな活動を複数の選択肢から選ぶことができる。	
表出性のコミュニケーション	動作（指さしや大人の手を引くなど）を使って，意思を伝えることができる。	
模倣	鉛筆を持ったり，ジャンプしたりする動作などを，模倣しようとすることができる。	
注視物の選択	指示棒や指さしで注目を促された刺激を，注視したり，注目したりすることができる。	

▶ 教材を準備しよう　_{教材：たすくスケッチブック}

● 教材のセッティング

約5mmの厚みがある「たすくスケッチブック」を正面に置きます。

● 教材の使い方

左端の枠から順番に，4辺を縁取りしてから，白い部分を塗りつぶします。手の側面を紙に接地させてクレヨンを操作します。

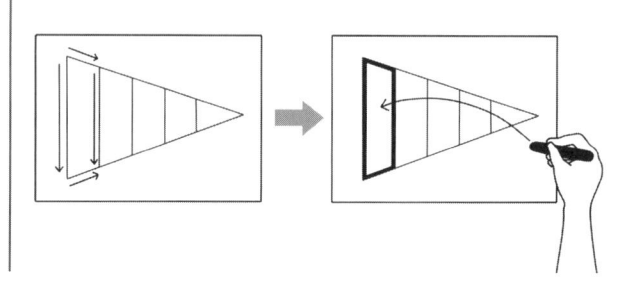

▶ 左手で教材の枠を押さえましょう

1 スケッチブックの左側に，左手の人差し指をかけて押さえる。

2 1辺ずつクレヨンを紙面から離して，枠の縁を塗る。

3 右手の側面を紙面に接地し，手から肘まで全体を動かして上下に塗る。

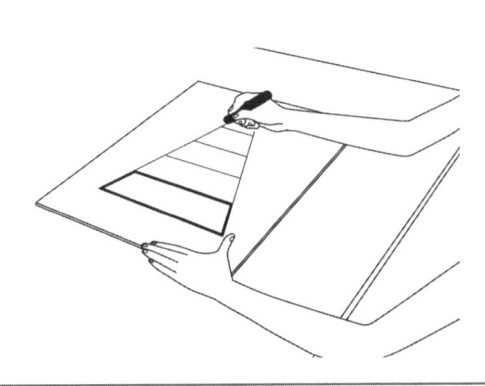

4 課題を完了するまで，左手でノートを押さえ続けて，姿勢を保持する。

Point
塗り残しの空白部は，指さしして注目を促して塗る。

タスクオーガナイゼーション

> タスクオーガナイゼーション　　上下左右の認知 ③

J☆sKep 2.0点以上向け

道具を上下左右に配置する
機能的な目標ゴール

作業の対象を正面に移してくる
機能的な目標2nd

教材の枠を左手で押さえる
機能的な目標1st

ここでは、『作業をする対象を、自分の正面に移してくることができる』について学びます。教材を受け取り、自分自身が一番認知しやすい正面に教材を移せるようになりましょう。

▶ J☆sKep アセスメント　　○△×で評価しましょう。

学習態勢	姿勢を一定にして、10秒以上、机上の課題に取り組んだり、大人と机上で向き合ってやりとりしたりして、課題を成し遂げることができる。	
指示理解	指示に応じて（その場で）、10秒以上、待つことができる。	
セルフマネージメント	5分以上、座ったり横になったりして休めるか、提示された計画にそって行動したりすることができる。	
強化システムの理解	好きなものや、好きな活動をしてもらうことを期待して、課題を最後まで終わらせることができる。	
表出性のコミュニケーション	代替え手段を利用して、意思を伝えたり、自分の伝えたいことを、一日20回以上、伝えたりすることができる。	
模倣	モデルの人がする一つの動作を、正確に行うことができる。	
注視物の選択	少し離れた大人の手元に、机上に示された刺激を、注視したり、注目したりできるか、二つの刺激のうち属性（色や形、大きさ、数など）の違いに注目して選んだりすることができる。	

▶ 教材を準備しよう　　教材：たすく教材の全てを対象とする

● 教材のセッティング
教材を手元に用意しておく。足を床に着け、上体を起こして座れる椅子に着席する。

● 教材の使い方
教材の枠を子どもに手渡します。子どもは教材の枠を自分の正面に置き、向きを整えます。

▶ 教材を，認知しやすい正面に置きましょう

1 手渡された教材を，両手で受け取る。

- 「～くん，始めますよ。」
- 「両手で受け取ろう。」
- 「先生に注目！」

2 受け取った教材を，正面の机上に置くことができる。

- 「そっと机に置こう。」

3 正面に置いた教材を，自分の姿勢に合わせて整える。

- 「正面に真っ直ぐ。」

4 机が狭いときは，自分の座る位置を調整して，教材の正面に移動する。

- 「椅子を引いて，姿勢を整える。」

タスクオーガナイゼーション

タスクオーガナイゼーション　上下左右の認知 ④

J☆sKep 3.0点以上向け

環境と作業に応じて，適した姿勢を判断する
自己表現・想像力・創造性

道具を上下左右に配置する
機能的な目標ゴール

作業の対象を正面に持ってくる
機能的な目標2nd

ここでは，『道具を上下左右に配置することで，自分の作業しやすい環境をつくることができる』について学びます。全体を見渡せる認知しやすい視野を確保し，作業しやすい環境を整えるようにしましょう。

▶ J☆sKep アセスメント　○△×で評価しましょう。

学習態勢	最良の態勢になるように，自ら作業（学習）しやすい環境を作ったり，改善したりすることができる。	
指示理解	一度，感情が乱れた後でも立ち直り，大人の指示に応じることができる。	
セルフマネージメント	自分に適した計画を作り，それに基づいて行動をすることができる。	
強化システムの理解	大人や仲間から言語等で称賛されることを期待して，課題を最後まで終わらせることができる。	
表出性のコミュニケーション	困ったときに，他人に対して，援助を受けたいと伝える。	
模倣	モデルの人がする連続した動作を，同時に行うことができる。	
注視物の選択	2つ以上の刺激から，わずかな属性の違いに注目して，仕分けなどを素早く行うことができる。	

▶ 教材を準備しよう　教材：たすく教材の全てを対象とする

● 教材のセッティング
学習に必要な教材を，大人の手元に用意しておきます。

● 教材の使い方
教材は，机上にきれいに配置します。

▶ 教材を上下左右に配置して，机上を整理しよう

1 必要のない物を机の左右に配置して，自分の正面を空ける。

次の予定を確かめよう。

机の上を広く空けよう。

Point
スケジュールを確認後，次の活動を行うために，教材を机上の両端へ寄せるように促す。

2 教材を，机の上の正面に置くことができる。

どうぞ

教材を用意しよう。

机の真ん中に置こう。

3 課題を解決するために必要な補助教材を，利き手側（もしくは上部）に置く。

活動に取り組むために必要な補助教材や道具を受け取る。

4 見本や確認シートなど，手がかりとなるものは，左側（もしくは上部）に置く。

Point
一人一人の認知に応じて，手がかりとなる教材の配置は異なる。

タスクオーガナイゼーション

> タスクオーガナイゼーション　学習（作業）の体勢 ①

J☆sKep 2.0点未満向け

左手を添えて，右手で操作する
機能的な目標1st

学習の途中で姿勢を正せる
課題解決指向性学習

指示に応じて椅子に座る
課題解決指向型学習

ここでは，『学習の途中で，促しに応じて姿勢を正すことができる』について学びます。姿勢が崩れてしまったときに，指導者からの促しに応じて姿勢を戻せるようになりましょう。

▶ J☆sKep アセスメント　○△×で評価しましょう。

学習態勢	一人で，食事の時などに，椅子に座ることができる。	
指示理解	手招きや「こっちにおいで」など，人の働きかけ（指示）に応じることができる。	
セルフマネージメント	着替えなどの簡単な日常生活動作が一人でできる。〈例：手伝ってもらうときに，相手に応じて体を動かすことができる〉	
強化システムの理解	好きなものや，好きな活動が2つ以上ある。	
表出性のコミュニケーション	どうしても欲しいものがある時など，どんな形であれ，人に何かを伝えようとすることができる。	
模倣	身近な人（保護者や兄弟，クラスメイトなど）と，同じような動作をすることがある。	
注視物の選択	自分の好きなおもちゃやお菓子，テレビ番組を，注視したり，注目したりすることができる。	

▶ 教材を準備しよう　教材：たすく教材の全てを対象とする

● 教材のセッティング

準備が整う前に手が出てしまったときに，「待ってください」と指示します。

● 教材の使い方

姿勢が崩れてしまったときには「姿勢を正して」など体勢を戻すように指示します。

例：両手を下ろして，姿勢を正す。

例：座り直して，姿勢を正す。

▶ 促しに応じて、姿勢を正しましょう

1 大人からの「〜さん」の呼びかけに応じて、注意を向ける。

姿勢が崩れたとき、一度子どもの名前を呼んで、注意を引く。

「〜くん」
「呼ばれたぞ。」

2 「姿勢を正して（手はお膝）」の言葉かけに応じて、机から手を戻す。

「姿勢を正して。」
「手を下ろして、よい姿勢！」

3 「姿勢を正して（お尻を上げて）」の言葉かけに応じて、座る姿勢を正す。

「姿勢を正してください。」
「しっかり座ろう」

Point
言語指示に応じることが難しいときは、モデルを示す。

4 「待って」の言葉かけに応じて、操作しようとした手を止められる。

「待ってください。」
「ちょっと待っておこう。」

先生は、少し待ってほしいときに、「待って」と言葉かけをする。

タスクオーガナイゼーション

> タスクオーガナイゼーション　>　学習（作業）の体勢 ②

J☆sKep 2.0点未満向け

自分にとって最適な道具を選び出す
機能的な目標 2nd

左手を添えて，右手で操作する
機能的な目標 1st

学習の途中で姿勢を正せる
課題解決指向性学習

ここでは，『足を床に付け，脇を閉め，左手を添えて，右手（利き手）で操作することができる』について学びます。視野を確保して，物を見られるように，左手と右手を使い分けましょう。

▶ J☆sKep アセスメント　○△×で評価しましょう。

学習態勢	起立や着席を一人で行ったり，大人と一緒に歩調を合わせて歩いたり，背後，横，正面等からのガイドを受け入れたりすることができる。	
指示理解	今の行動を修正し，「〜して」や「もう一度して」に応じることができる。	
セルフマネージメント	着替えなどの簡単な日常生活動作が一人でできる。	
強化システムの理解	好きなものや，好きな活動を複数の選択肢から選ぶことができる。	
表出性のコミュニケーション	動作（指さしや大人の手を引くなど）を使って，意思を伝えることができる。	
模倣	鉛筆を持ったり，ジャンプしたりする動作などを，模倣しようとすることができる。	
注視物の選択	指示棒や指さしで注目を促された刺激を，注視したり，注目したりすることができる。	

▶ 教材を準備しよう　教材：たすく4片パズルなど

● 教材のセッティング

パズルの枠を置き，パズルの切片は正しい並び方で呈示します。

● 教材の使い方

高さの合う椅子を用意して座らせ，足をしっかりと着地させます。

左手で枠を押さえたまま，右手のみでパズルを操作します。

▶左手を添えて，右手で操作しましょう

1 足を床（または椅子の踏み台）に付けて，安定した座位を取る。

しっかり腰かけよう

足を床に付けて良い構えを取る。

椅子に座って，姿勢を正す。

2 左手で教材の枠を押さえる。

人差し指を枠に当てて，押さえる。

Point
左手の人差し指を，教材の縁に当てて押さえる。

3 脇をしめて，状態を起こした姿勢を取る。

左脇をしめる。

上体を起こして，良い姿勢。

Point 左手で教材の縁を押さえたまま，左脇をしめる。

4 両手ではなく，利き手だけで教材を操作することができる。

左手は押さえたまま，右手だけを動かす。

Point
途中で左手が離れてしまったら，押えるように促す。

タスクオーガナイゼーション

タスクオーガナイゼーション　学習（作業）の体勢 ③

J☆sKep 2.0点以上向け

机に応じて椅子を選択して，学習体勢をつくる
機能的な目標ゴール

自分にとって最適な道具を選び出す
機能的な目標2nd

左手を添えて，右手で操作する
機能的な目標1st

ここでは，『自分にとって最適な用具を選択肢の中から選ぶことができる』について学びます。使い慣れている筆記用具やハサミなどを選んで，学習に取り組めるようになりましょう。

▶ J☆sKep アセスメント　○△×で評価しましょう。

学習態勢	姿勢を一定にして，10秒以上，机上の課題に取り組んだり，大人と机上で向き合ってやりとりしたりして，課題を成し遂げることができる。	
指示理解	指示に応じて（その場で），10秒以上，待つことができる。	
セルフマネージメント	5分以上，座ったり横になったりして休めるか，提示された計画にそって行動したりすることができる。	
強化システムの理解	好きなものや，好きな活動をしてもらうことを期待して，課題を最後まで終わらせることができる。	
表出性のコミュニケーション	代替え手段を利用して，意思を伝えたり，自分の伝えたいことを，一日20回以上，伝えたりすることができる。	
模倣	モデルの人がする一つの動作を，正確に行うことができる。	
注視物の選択	少し離れた大人の手元や，机上に示された刺激を，注視したり，注目したりすることができる。	

▶ 教材を準備しよう　教材：たすくスケッチブック，ハサミ

● 教材のセッティング
使い慣れたハサミを含めて，複数のハサミを入れたトレイを用意しておきます。

● 教材の使い方
ハサミの入ったトレイを差し出して，使用するハサミを選んでもらいます。

使い慣れたハサミを正しく握って，教材を切ります。

▶ 使い慣れている道具を選び出そう

1 適切な道具を探すために，教材の種類を確かめる。

「使いやすいハサミを選んでください。」

先生は，複数の道具が入った箱を，子どもの前に呈示する。

2 普段使っている道具を，たくさんの道具の中から選び出す。

「あっ，いつものハサミを見つけた。」

「僕が使いやすいハサミは小さいものだ。」

箱の中から，いつも使っている使い慣れた道具を見つける。

3 道具を，正しく構えることができる。

「正しい向きはこの方向だ。」

「ハサミの柄に正しく指を通す。」

4 使い勝手が悪かったときに，別の道具を試す。

「あれ？？柄が大きくて使いにくい。」

「少し小さい柄のハサミを試してみようか。」

Point
使い勝手が悪かったとき，別の道具を試そうとすることができる。

タスクオーガナイゼーション

タスクオーガナイゼーション　学習（作業）の体勢 ④

J☆sKep 3.0点以上向け

内容に応じて最良の態勢になる環境を整える
（自己表現・想像力・創造性）

机に応じて椅子を選択して，学習体勢をつくる
（機能的な目標ゴール）

自分にとって最適な道具を選び出す
（機能的な目標2nd）

ここでは，『机に応じて椅子を選択したり，高さを調整したりして学習（作業）の体勢をつくることができる』について学びます。自分が作業しやすい環境作りのために，まずは机に応じた椅子選びから始めましょう。

▶ J☆sKep アセスメント　○△×で評価しましょう。

学習態勢	最良の態勢になるように，自ら作業（学習）しやすい環境を作ったり，改善したりすることができる。
指示理解	絵や写真，文字などで書かれている内容（指示書）にそって，課題を達成できるか，一度感情が乱れた後でも立ち直り，大人の指示に応じたりすることができる。
セルフマネージメント	選択肢から自分のしたいことを選び，そのとおりに行動することができる。
強化システムの理解	大人や仲間から言語等で称賛されることを期待して，課題を最後まで終わらせることができる。
表出性のコミュニケーション	困った時に，他人に対して援助を受けたいと伝えたり，代名詞や属性を入れた三語文以上で要求したりできる。
模倣	モデルの人がする連続した動作を，同時に行うことができる。
注視物の選択	2つ以上の刺激から，わずかな属性の違いに注目して，仕分けなどを素早く行うことができる。

▶ 教材を準備しよう　教材：たすく教材の全てを対象とする

● 教材のセッティング

高さの異なる椅子を複数用意しておく。子どもが自ら気づくことがなければ，椅子の高さがちょうど良いか確認を促します。

▶ 学習机にあった高さの椅子を選べるようになろう

1 椅子に座ったとき、足が机に当たったり、床に着かなかったりすることに気づく。

- 足が着かない。
- 椅子が低すぎる。

2 自ら学習環境を整えるように工夫する。

- 足に置く台はないかな？
- ちょうど良い高さの椅子はないかな。

座布団や足場の踏み台などを探そうとして、辺りを見る。

異なる高さの椅子を探そうとして、辺りを見る。

3 学習環境を整えるため、大人に椅子の調整や交換を依頼する。

- 何かしら？
- ちょうど良い椅子に交換してください。
- どうぞ
- ありがとう

良い姿勢を保つために、ちょうど良い椅子に交換してもらうように要求する。

交換してもらった椅子を受け取る。

4 調整した学習環境が合っているかを確かめる。

- 足も床に着いて、ちょうど良いな。

Point
椅子を交換してもらい、高さが合っているか、座って確かめる。

タスクオーガナイゼーション

このような場合は，どうする？
＜タスクオーガナイゼーション編＞

左手で教材の枠を押さえるように，机上に手を置けるようになってきました。
でも，課題の途中で左手が離れてしまうことが目立ち，
どのように指導したらよいか迷っています。

左手の人差し指を，教材の枠にかけるように押さえることがポイントです。背後や正面から身体ガイドをする際には，子どもが主体的に人差し指の指先に力をかけられるように意識して，取り組んでみてください。

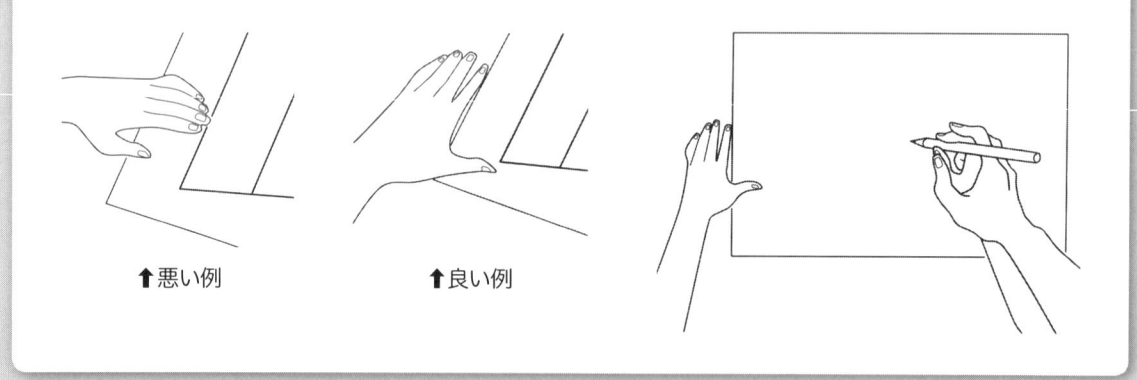

↑悪い例　　↑良い例

姿勢が崩れても，大人からの促しに応じて
姿勢を正すことができるようになりました。
ただ，まだ肘が開いたり，上体が机上に覆いかぶさるような格好になったり，
体が斜めになって課題を見たりする様子が目立ちます。

　子どもたちの中には，注目できる焦点が狭かったり，範囲が限られていたりする場合があります。利き手と反対の支え手を重視して，机上に対して一定の距離を保つ姿勢を身につけましょう。
　そのために，背後からガイドする大人は，椅子に座って，子どもと肘の高さを合わせるようにします。肘を閉めるガイドをすることで，上体が自然に起きますので，よりよい姿勢で机上学習を進めることができます。

付録 1

J☆sKep
アセスメントシート

付録1の「J☆sKep アセスメントシート」の詳しい使い方は，1章（5～13頁）をご覧ください。

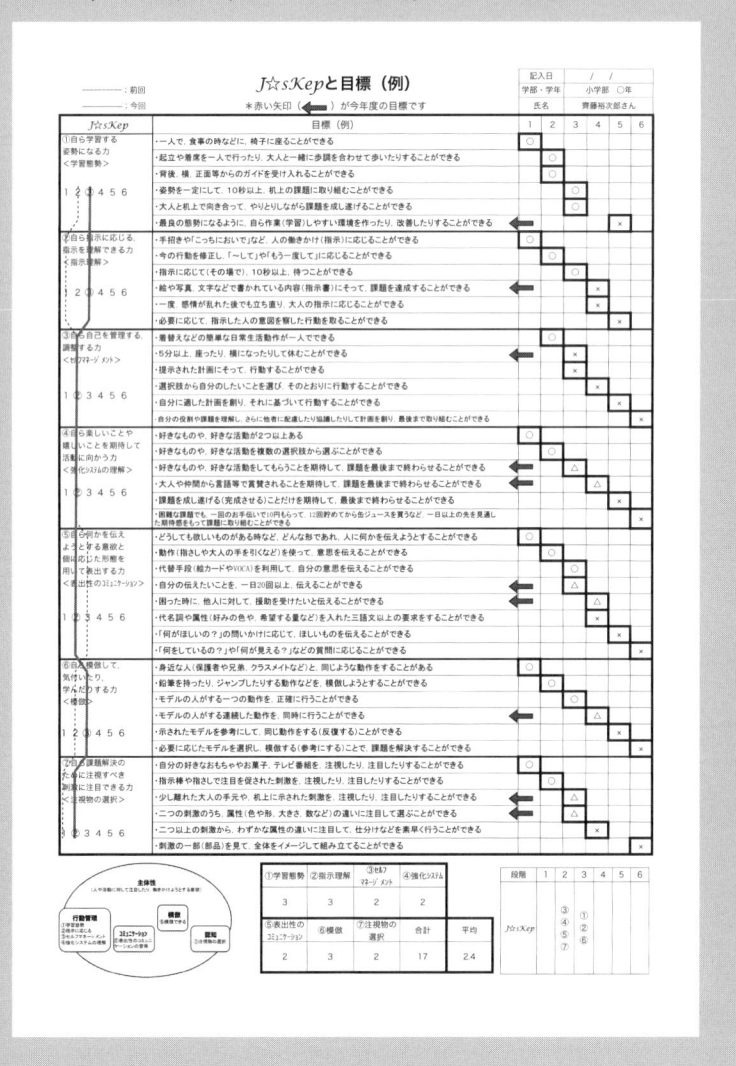

J☆sKepと目標

――― ; 前回
――― ; 今回

*赤い矢印（⬅）が今年の指導目標です

記入日　　／　　／
学部・学年
氏名

J☆sKep	目標（例）	1	2	3	4	5	6
①自ら学習する姿勢になる力 <学習態勢> 1 2 3 4 5 6	・一人で、食事の時などに、椅子に座ることができる ・起立や着席を一人で行ったり、大人と一緒に歩調を合わせて歩いたりすることができる ・背後、横、正面等からのガイドを受け入れることができる ・姿勢を一定にして、10秒以上、机上の課題に取り組むことができる ・大人と机上で向き合って、やりとりしながら課題に取り組み遂げることができる ・最良の態勢になるように、自ら作業（学習）しやすい環境を作ったり、改善したりすることができる						
②自ら指示に応じ、指示を理解できる力 <指示理解> 1 2 3 4 5 6	・手招きやにっちにおいでなど、人の動きかけ（指示）に応じることができる ・今の行動を修正し、「～して」や「もう一度して」に応じることができる ・指示に応じて（その場で）、10秒以上、待つことができる ・絵や写真、文字などで書かれている内容（指示書）にそって、課題を達成することができる ・一度、感情が乱れた後でも立ち直り、大人の指示に応じることができる ・必要に応じて、指示した人の意図を察して行動を取ることができる						
③自ら自己を管理する、調整する力 <セルフマネージメント> 1 2 3 4 5 6	・着替えなどの簡単な日常生活動作が一人でできる ・5分以上、座ったり、横になったりして休むことができる ・提示された計画にそって、行動することができる ・選択肢から自分のしたいことを選び、そのとおりに行動することができる ・自分に適した計画を創り、それに基づいて行動することができる ・自分の役割や課題を理解し、さらに他者に配慮したり協議したりして計画を創り、最後まで取り組むことができる						
④自ら楽しいことや嬉しいことを期待して活動に向かう力 <強化システムの理解> 1 2 3 4 5 6	・好きなものや、好きな活動が2つ以上ある ・好きなものや、好きな活動を複数の選択肢から選ぶことができる ・好きなものや、好きな活動をしてもらうことを期待して、課題を最後まで終わらせることができる ・大人や仲間から言語等で賞賛されることを期待して、課題を最後まで終わらせることができる ・課題を成し遂げる（完成させる）ことだけを期待して、最後まで取り組むことができる ・困難な課題でも、一回のお手伝いで10円もらって、12回ためてから缶ジュースを買うなど、一日以上の先を見通した期待感をもって課題に取り組むことができる						

段階	1	2	3	4	5	6
ステップ						

⑤自ら何かを伝えようとする意欲と個に応じた形態を用いて表出する力<表出性のコミュニケーション>	・どうしても欲しいものがある時など、どんな形であれ、人に何かを伝えようとすることができる ・動作(指さしや大人の手を引くなど)を使って、意思を伝えることができる ・代替手段(絵カードやVOCA)を利用して、自分の意思を伝えることができる ・自分の伝えたいことを、一日20回以上、伝えることができる ・困った時に、他人に対して、援助を受けたい人に伝えることができる ・代名詞や属性(好みの色や、希望する量など)を入れた三語文以上の要求をすることができる ・「何がほしいの?」の問いかけに応じて、ほしいものを伝えることができる ・「何をしているの?」や「何が見える?」などの質問に応じることができる
1 2 3 4 5 6	

⑥自ら模倣して、気付いたり、学んだりする力<模倣>	・身近な人(保護者や兄弟、クラスメイトなど)と、同じような動作をすることがある ・鉛筆を持ったり、ジャンプしたりする動作などを、模倣しようとすることができる ・モデルの人が示す一つの動作を、正確に行うことができる ・モデルの人が示す連続した動作を、同時に行うことができる ・示されたモデルを参考にして、同じ動作をする(反復する)ことができる ・必要に応じモデルを選択し、模倣する(参考にする)ことで、課題を解決することができる
1 2 3 4 5 6	

⑦自ら課題解決のために注視すべき刺激に注目できる力<注視物の選択>	・自分の好きなおもちゃやお菓子、テレビ番組を、注視したり、注目したりすることができる ・指示棒や指さしで注目を促された刺激を、注視したり、注目したりすることができる ・少し離れた大人の手元や、机上に示された刺激を、注視したり、注目したり、注目して選ぶことができる ・二つの刺激のうち、属性(色や形、大きさ、数など)の違いに注目して選ぶことができる ・二つ以上の刺激から、わずかな属性の違いに注目して、仕分けなどを素早く行うことができる ・刺激の一部(部品)を見て、全体をイメージして組み立てることができる
1 2 3 4 5 6	

①学習態勢	②指示理解	③セルフマネージメント	④強化システム
⑤表出性のコミュニケーション	⑥模倣	⑦注視物の選択	

	合計	平均

主体性
(人や活動に対して注目したり、働きかけようとする意欲)

- 行動管理
  ①学習態勢
  ②指示に応じる
  ③セルフマネージメント
  ④強化システムの理解
- コミュニケーション
  ⑤表出性のコミュニケーションの習得
- 模倣
  ⑥模倣できる
- 認知
  ⑦注視物の選択

付録 2
学習記録シート

　付録1の「学習記録シート」を使って，学習をとおしての子どもの成長を記録しましょう。機能的な目標への取組の評価は，2週間に1回の頻度，または，個人別の課題学習を実施するごとに行ってください。本シートで，6ヶ月分の記録ができます。評価は，3段階のマークで（身体プロンプト△，視覚プロンプト○，言語プロンプト◎）付けていきましょう。

個人別の課題学習　学習記録シート(記入例)													学部・学年	小学5年生
													氏名	○○○○
													J☆s Kep	J☆s Kep 1.8点
今，取り組んでいる機能的な目標	①	②	③	④	⑤	⑥	⑦	⑧	⑨	⑩	⑪	⑫		
2時間程度のスケジュールに専心して，時間までにノルマを達成することができる。														
1時間程度のスケジュールに従って，複数の活動に取り組むことができる。														
3つの活動＋ご褒美のスケジュールに取り組むことができる。						○	○	○	○	◎	◎	◎		
	△	△	△	△	△									
3つの課題を渡されて，順番に取り組むことができる。														
評価した日付	1/10	1/24	2/8	2/22	3/6	3/23	4/10	4/24	5/8	5/22	6/10	6/27		

評価は，3段階（身体プロンプト△，視覚プロンプト○，言語プロンプト◎）．

kamakura@tasuc.com

個人別の課題学習　学習記録シート

<三種の神器(1)コミュニケーション ①表出性>

学部・学年		
氏名		
J☆sKep		

今、取り組んでいる機能的な目標	①	②	③	④	⑤	⑥	⑦	⑧	⑨	⑩	⑪	⑫
代名詞や属性を使って、要求や拒否を音声言語で伝えることができる。												
属性や代名詞を入れた三語文以上を構成することができる。												
少し離れた相手に、注意喚起(文章パー)を手渡すことができる。												
伝えたいカードを弁別することができる。												
評価した日付	/	/	/	/	/	/	/	/	/	/	/	/

評価は、3段階(身体プロンプト△、視覚プロンプト○、言語プロンプト◎).

個人別の課題学習　学習記録シート

<三種の神器(1)コミュニケーション　②応答性>

学部・学年	
氏名	

ﾌﾟﾛﾝﾌﾟﾄ

今、取り組んでいる機能的な目標	①	②	③	④	⑤	⑥	⑦	⑧	⑨	⑩	⑪	⑫
「何が見える?」や「何をしているの?」等の質問に応じることができる。												
「これは何ですか?」に応えることができる。												
「どちらを食べますか?」に応えることができる												
実物と絵カードのマッチングをすることができる												
評価した日付	/	/	/	/	/	/	/	/	/	/	/	/

評価は、3段階（身体プロンプト△、視覚プロンプト◯、言語プロンプト◎）。

個人別の課題学習　学習記録シート
<三種の神器(2)スケジュール　①指示>

今，取り組んでいる機能的な目標	①	②	③	④	⑤	⑥	⑦	⑧	⑨	⑩	⑪	⑫
2時間程度のスケジュールに専心して，時間までにノルマを達成することができる。												
1時間程度のスケジュールに従って，複数の活動に取り組むことができる。												
3つの活動＋ご褒美のスケジュールに取り組むことができる。												
3つの課題を渡されて，順番に取り組むことができる。												
評価した日付	/	/	/	/	/	/	/	/	/	/	/	/

学部・学年
氏名

評価は，3段階（身体プロンプト△，視覚プロンプト○，言語プロンプト◎）．

個人別の課題学習　学習記録シート

<三種の神器(2)スケジュール ②選択>

今、取り組んでいる機能的な目標	①	②	③	④	⑤	⑥	⑦	⑧	⑨	⑩	⑪	⑫
好きなこと、自分のしたいことを、スケジュールに取り組むことが自らできる。												
場所を移動する必要のあるご褒美や休憩を3つ以上の選択肢から選んで、そのとおりに行動することができる。												
休み時間の過ごし方を2つ~3つの選択肢の中から、1つ選ぶことができる。												
○や△の型に応じて、型はめをすることができる。												
評価した日付	/	/	/	/	/	/	/	/	/	/	/	/

学部・学年
氏名
J☆sKep

評価は，3段階（身体プロンプト△，視覚プロンプト○，言語プロンプト◎）．

個人別の課題学習　学習記録シート

＜三種の神器(2)スケジュール ③自分の役割と他者に配慮した計画＞

今，取り組んでいる機能的な目標	①	②	③	④	⑤	⑥	⑦	⑧	⑨	⑩	⑪	⑫
役割分担した活動を交互にすることができる。												
「早く終わったら他者を手伝って」等の指示に応じて，スケジュールを変化させることができる。												
順番（時間になったら交代する等）のあるスケジュールに応じて，行動することができる。												
指示に応じて，大人と一緒に机等のものを運ぶことができる。												
評価した日付	/	/	/	/	/	/	/	/	/	/	/	/

学部・学年

氏名

ƒ☆sKep

評価は，3段階（身体プロンプト△，視覚プロンプト○，言語プロンプト◎）．

kamakura@tasuc.com

個人別の課題学習　学習記録シート

<三種の神器(3)タスクオーガナイゼーション　①上下左右の認知>

学部・学年
氏名
Iン☆sKep

今、取り組んでいる機能的な目標	①	②	③	④	⑤	⑥	⑦	⑧	⑨	⑩	⑪	⑫
道具を上下左右に配置することで自分の作業しやすい環境をつくることができる。												
作業をする対象を、自分の正面に移してくることができる。												
教材の枠を左手で押さえて、取り組むことができる。												
縦切り・横切りのパズルを、左から右、上から下の順番に組み入れることができる。												
評価した日付	/	/	/	/	/	/	/	/	/	/	/	/

評価は、3段階（身体プロンプト△、視覚プロンプト○、言語プロンプト◎）.

個人別の課題学習 学習記録シート

＜三種の神器(3)タスクオーガナイゼーション ②学習(作業)の体勢＞

今、取り組んでいる機能的な目標	①	②	③	④	⑤	⑥	⑦	⑧	⑨	⑩	⑪	⑫
机に応じて椅子を選択したり、高さを調整したりして学習（作業）の体勢をつくることができる。												
自分にとって最適な用具を選択肢の中から選ぶことができる。												
足を床に付け、脇を閉め、左手を添えて、右手（利き手）で操作することができる。												
学習の途中で、促しに応じて姿勢を正すことができる。												
評価した日付	/	/	/	/	/	/	/	/	/	/	/	/

学部・学年

氏名

J☆sKep

評価は、3段階（身体プロンプト△、視覚プロンプト○、言語プロンプト◎）.

本書で参考，または引用させて頂いた本（お薦めの本）

- 独立行政法人国立特別支援教育総合研究所編著『自閉症教育実践マスターブック―キーポイントが未来をひらく―』ジアース教育新社（2008）
- 独立行政法人国立特別支援教育総合研究所編著『自閉症教育実践ケースブック―より確かな指導の追究―』ジアース教育新社（2005）
- 独立行政法人国立特別支援教育総合研究所編著『自閉症教育実践ガイドブック―今の充実と明日への展望―』ジアース教育新社（2004）
- アンディ・ボンディ／ベス・サルザーアザロフ著／服巻繁監訳『自閉症を持つ生徒のためのピラミッド教育アプローチ―特別支援に使える行動分析学ガイド―』ピラミッド教育コンサルタントオブジャパン株式会社（2007）
- ロリ・フロスト／アンディ・ボンディ著／門眞一郎監訳『絵カード交換式コミュニケーションシステム（PECS）トレーニング・マニュアル第2版』ピラミッド教育コンサルタントオブジャパン(株)（2005）
- E.ショプラー／茂木俊夫／服巻智子監訳『PEP-3教育診断検査』川島書店（2007）
- 藤村出／服巻智子／諏訪利明／内山登紀夫／安部陽子／鈴木伸五『朝日福祉ガイドブック自閉症のひとたちへの援助システム　TEACCHを日本でいかすには』朝日新聞厚生文化事業団（1999）
- 河島淳子／高橋智恵子『ともに16号』トモニ療育センター（2010）
- 子どもの生活科学研究会編『イラスト版学習のこつ　子どもとマスターする49の学習動作』合同出版（2001）
- 岩永竜一郎／藤家寛子／ニキ・リンコ『続自閉っ子，こういう風にできてます！　自立のための身体づくり』花風社（2008）
- 武藏博文／大村知佐子／浅川義丈／大村和彦／長浜由香編『発達障害のある子とお母さん・先生のためのわくわく支援ツール』エンパワメント研究所（2010）
- Ruth Aspy／Barry G.Grossman『The Ziggurat Model』Autism Asperger Publishing Co.（2008）
- Robert L.Koegel／Lynn Kern Koegel『Pivotal Response Treatments for Autism』Pual H. Brookes Publishig Co.（2006）
- 全日本特別支援教育研究連盟編著『自閉症支援のすべて』日本文化科学社（2011）

【編著者紹介】

齊藤宇開（さいとう うかい）
　たすく株式会社　代表取締役

渡邊　倫（わたなべ さとる）
　たすく株式会社　取締役（統括マネージャー）

　たすく株式会社は，一人一人に応じた特別支援教育の理念に呼応し，教育や療育，福祉の場から集ったスタッフで構成されています。

　発達障がいのある子どもたちと，その家族のために，一貫性と継続性のあるアプローチの仕組み作りのために，療育を行うアセスメントセンター「たすく」と，地域の子どもたちが集う児童デイサービス「学びの基地」を，鎌倉を拠点に展開しています。

　特に，「全てはアセスメントをしてから」というスローガンの下，毎年一回，丸一日をかけて，家族と一堂に会して行う「たすくアセスメント」を重視してきました。本書で提案した「たすくメソッド」は，3年間で延べ250ケース強の発達障がいのある子どもたちに行った「たすくアセスメント」の研究データに基づいています。

たすく株式会社
　Total Approach Support Union for Challenged children and their families
（本　　　社）248-0014　鎌倉市由比ガ浜二丁目23-15
（御成町教室）248-0012　鎌倉市御成町10-4 ラ・プラス美越B棟2階
（雪ノ下教室）248-0005　鎌倉市雪ノ下三丁目4-25 五十嵐ビル2階
　　E-mail：kamakura@tasuc.com　　TEL/FAX：0467-23-2156
　　URL：http://tasuc.com　　http://sns.tasuc.com

ずっと一緒だよ！

発達障害のある子どものためのたすくメソッド❶
生活の基礎を身につける
三種の神器―コミュニケーション，スケジュール，
タスクオーガナイゼーション―

平成23年6月28日	初版第1刷発行
平成24年1月19日	第2刷発行
平成27年10月30日	第3刷発行
令和元年9月26日	第4刷発行

編　　著　齊藤宇開
　　　　　渡邊　倫
　　　　　（たすく株式会社）
発 行 人　加藤　勝博
発 行 所　ジアース教育新社
　　　　　〒101-0054
　　　　　東京都千代田区神田錦町1-23宗保第2ビル
　　　　　Tel:03-5282-7183　　Fax:03-5282-7892
　　　　　E-mail:info@kyoikushinsha.co.jp
　　　　　URL:http://www.kyoikushinsha.co.jp

デザイン　アトム★スタジオ（小笠原准子，今野亜理沙）
イラスト　上原まり
印　　刷　株式会社シナノ

ISBN978-4-86371-157-0
○定価は表紙に表示してあります。
○乱丁・落丁はお取り替えいたします。
○著作権法上での例外を除き，本書を無断で複写複製（コピー）することを
　禁じます。